理想の社長交代

その事業承継は成長か衰退か!?

アタックスグループ 著

かんき出版

はじめに

社長交代＝事業承継は、その後の会社の成長や存続に大きな影響を及ぼすため、現社長とりわけ創業社長にとっては、洞察力と決断力が問われる大仕事になる。

アタックスグループは１９４６年の開業以来、親族内承継を中心に１５００件余の社長交代、事業承継を支援してきたが、その経験から、成功する社長交代には３つの必要条件があると考えている。

第一は、後継者に社長としての資質が備わっていること。わが子に会社、事業を継がせたいと願う親心はわかるが、資質のない者が社長になると会社は衰退する。社員や取引先にとっては迷惑千万な話だ。

次に、現社長と後継社長との間に、新社長は先代を立て、先代は新社長を陰から支える、といった信頼関係がしっかり築かれていること。新社長がことあるごとに先代を否定したり、先代が院政を敷いて実権を手放さなかったりしていては、会社組織がまとまらず業績にも悪影響が出る。

第三に、新社長が自信をもって経営にあたれるような適切な株主構成になっていることだ。とくに親族間で株式が分散保有しているような場合は注意が必要で、それが経営権、財産権をめぐるもめごと、争いごとのタネになりかねない。

会社が置かれている事業環境によってはほかにも必要条件があるだろうが、この3つに問題があるようでは理想的な社長交代は望めない。したがって事業承継の準備段階で、計画的に取り組んでいくのも、この3条件の強化が中心になる。

一方、現社長に次のような傾向が見られる場合も、会社の成長につながる社長交代は困難になる。

まず、自分は健康でまだまだ元気だからと、後継者のことは眼中にない人がいる。家族がそろそろ後継を考えてはどうかといっても聞く耳をもたない。また、自分の経営能力を過信するあまり、「任せられる人財がいない」と決めつけてしまう人も少なくない。

その結果、社長交代を先送りして適切な機会を逸したり、形だけの社長交代で取りつくろったりするのだ。

いずれも創業社長の「落とし穴」といえることだが、たしかに体は元気でも、加齢とともに判断のスピード、精度は確実に落ちるものだ。しかも人によっては、短気や頑迷といった気性面が強くなって周囲の意見を聞かなくなり、経営判断を誤る危険性が高くなる。そうなる前に社長交代＝事業承継の必要性を自覚して、正面から向き合ってほしい。

ところで、社長交代を考え始めた現社長の多くが願うのは、次のことだろう。

・自分が育ててきた会社が今後さらに成長する
・後継社長が社員、取引先から信頼される
・身内に後継者がいなくても安心して事業承継できる
・事業承継をめぐって親族間、株主間の争いが起こらない
・退任後の生活、生きがいに困らない

こうした願いを実現するための選択肢は近年かなり広がってきている。

①オーナー一族で経営権を維持し、社長も出す
②経営権はオーナー一族で維持するが、社長は役員・社員から選抜する
③経営権はオーナー一族で維持するが、社長は外部から連れてくる
④役員・社員に経営権を委ねる
⑤M＆A
⑥幸せな廃業

かつては親族内承継が事業承継の王道だったが、少子化、核家族化が進み、人々の意識も変わった。そもそも「後を継がせる子どもがいない」とか、「別の道を歩んでいて事業を継ぐ気がない」というケースも増えている。

また、業種にもよるが、いまやM＆Aは中小企業でも盛んに行われているし、そのための情報源も多様化している。さらに、プロの経営者が活躍する時代であるから、あえて親族内で後継者を探さなくてもよい。

ただし、いずれの選択肢をとるにせよ、あなたが事業承継を意識しはじめたとき、

まず考えなくてはならないのは、「この会社は今後も存続可能か？」ということだ。ここを熟考してから、次に何をすべきかを考えてほしい。

非上場会社の場合、社長のほとんどが家・屋敷を担保に差し出して金融機関から融資を受け、精魂込めて会社を育て、成長・継続させてきたに違いない。しかも、家庭や自分の時間を犠牲にして、一心不乱に働いてきたのではないだろうか。当然、会社に対する思い入れは人一倍強いはずだ。会社は社長であるあなたの一生をかけた「作品」といっても過言ではない。

だからこそ、会社と事業を後継者に託すにあたっては社長として有終の美を飾り、「私の会社人生は幸せだった」と思ってもらいたい。そして、「これからは、自分の時間を家族と社会のために楽しく使うぞ」と思えるようになってほしい。

本書はアタックスグループの豊富な経験をベースに、社長交代＝事業承継に係るさまざまな課題を解決するための考え方、施策、手順を簡潔にまとめたものである。

これから事業承継を考える社長には、まずはどんな切り口で考えればよいのか、また、ある程度検討されてきている社長には、事業承継の論点整理に活用していただくことを念頭に置いてまとめた。

なお本書で紹介する事例は理解を深めていただくため、複数の実例を組み合わせて再構成したものであることをお断りしておく。

私たちアタックスグループのアドバイスが、理想の社長交代を目指すみなさんのお役に立てば幸いである。

２０２５年３月

執筆者一同

目次

その事業承継は成長か衰退か!?

理想の社長交代

第1章 目的を明確にし、計画を立てる

第2章 後継者を選定し、育成する

第3章 承継をスムーズに進めるために「環境」を整備する

第4章
自社株を後継者へ承継する

第5章 MBO、M&Aによる事業承継を選択する

第6章　幸せな廃業を選択する

装幀・本文デザイン・ＤＴＰ　石澤義裕
編集協力　鎌田淳司／木村昭子

第1章

目的を明確にし、計画を立てる

1 まず自社の存続可能性を検討する

自問すべき3つの質問

引退を考え始めた社長の多くが、すぐに自社株問題や後継者問題に取り組もうとする。それは「承継」が念頭にあるからだ。

しかし、承継の準備に入る前に自社の存続可能性を十分に検討しておかなければ、後継者や社員、取引先などのステークホルダー、そして自分が幸せになれる事業承継は実現しない。

「事業をしっかり承継できた」といえるためには、承継後も会社が隆々と栄え、関係者全員が幸せを実感できなければならない。

そこで、自社の存続可能性を判断するために、次の3つの質問を自分に投げかけていただきたい。その答えを深く考えれば、おのずと正しい判断に導かれるはずだ。

Q1　将来性のある事業か？

時代とともに産業構造が変化するなかで、衰退が避けられない事業が現実に存在する。長年儲かってきた事業でも、市場が成熟して衰退期に入れば業績の維持・回復は不可能になる。社長なら、そのことがよくわかっているはずだ。

そこで、最初の質問。

「社長がいまより30歳若かったとしよう。そして、10億円のキャッシュが手に入ったとする。このキャッシュを元手に何らかの事業を始めるとして、いまの事業を選ぶだろうか？」

まず、この質問にじっくりと取り組んでいただきたい。

「ぜひこの事業をやりたい」と思えるなら、あなたの会社には将来性がある。逆に「選ばない」と思うなら、後継者にいまの事業を継がせるべきではない。いかに優秀な事業家、経営者であっても、衰退しつつある事業を引き継いで成功させることはきわめて困難だ。

Q2　後継者として器のある人財がいるか？

変化の激しい時代である。いかなる事業でも社長には相当の経営手腕が要求される。いまの事業が将来性のあるものだったとしても、後継者候補の器や技量を吟味して、継がせるべきか否かを判断しなければならない。

あなたは自分の成長とともに事業を伸ばしてきたのだから、自分の力量や経営手腕と事業の規模はバランスがとれているはずだ。

しかし多くの場合、後継者は自分の実力以上の事業を引き継ぐことになる。そのため、ときとしてプレッシャーにつぶされてしまうことがある。

高齢の創業社長が、大企業に勤めていた息子を呼び戻して会社を継がせたところ、息子は大企業と中小企業の経営環境のギャップに順応できず、本人ばかりか会社にとっても不幸な結果になってしまったという失敗事例は数多い。

それゆえに社長であるあなたは、後継者の器や技量の伸びしろをしっかりと見抜かなければならない。

そして、後継者としてやっていけるように思える、あるいは後継者にしたいという人物がいて、かつ本人がぜひやりたいと願っているなら、期待できる後継者である可能性は高い。その場合は承継を考えてもよい。

Q3　会社は渡せる状態になっているか？

事業に将来性があり、後継者人財にも恵まれていたとしても、あなたの会社に事業を承継できる環境が整っていなければ、承継は難しくなる。

いかに優れた後継社長であっても、承継後に会社を盛り立てていくには、「経営支配権としての自社株の掌握」と、「自信をもって経営できる経営の仕組み」が必要不可欠だからだ。

事業承継は、後継者に自社株をうまく渡すことで終わるものではない。事業承継に成功するか否かは、後継者が会社の頂点に立って隆々と事業をやっていけるかどうかにかかっている。

ほとんどの後継者が、叩き上げの現場経験などないはずだ。カリスマ性ももち合わせていない。したがって後継社長が事業を引き継ぎ、さらに伸ばしていけるように、安定的な株主構成を築き、オーナー経営者として経営権を確保できる資本政策（＝株主構成）を整える必要がある。

そして、組織的な経営スタイルを定着させ、合理的なリーダーシップを発揮できるように、社内体制もしっかり整備すべきだ。

そうした経営の仕組みが整っているなかで、後継社長が経営者として能力とリーダーシップを発揮し、役員や社員たちが後継社長に大きな信頼を寄せるようになれば、ベストな事業承継ができたことになる。

選択肢としてのキャッシュアウトと廃業

たとえ事業に将来性があっても、後継者が不在でその体制が整っていない場合には、社内外を問わず、信頼できる他者（他社）への「キャッシュアウト」を考えることになる。

キャッシュアウトとは、全人生をかけて育ててきた会社の所有権を信頼できる誰かに譲り、それと引き換えに「サムマネー（いくばくかのお金）」を手にして肩の荷を下ろす「割り切り」のことだ。ここでいう「誰か」は個人とは限らず、会社であってもよい。

その代表的な方法が「ＭＢＯ」と「Ｍ＆Ａ」である。多くの場合は、役員、社員とともに雇用が保証され、商号もそのまま使いながら従来の仕事を継続できるという意味で「現代版のれん分け」といえるものだ。なお、本書でいう「Ｍ＆Ａ」とは、注意書きがない限り、第三者への会社の売却を意味する。

①ＭＢＯ（Management Buyout）

役員および社員のなかから会社の今後を託せる人物を社長に選び、新社長を中心に、ここまで苦労をともにしてきた役員、社員に会社のすべてを委ねるというもの。これには、「外部スポンサー主導のＭＢＯ」と「役員・社員主導のＭＢＯ」がある。

会社の評価価値が高く、役員や社員だけでは自社株を購入できない場合に、外部スポンサーとしての投資ファンドや銀行に資金協力を仰いで大半の株式を買ってもらうケースが「外部スポンサー主導のＭＢＯ」だ。

一方、会社の規模が小さい場合、銀行に自社株購入代金の融資を依頼し、役員・社員のがんばりにより会社が返済していくケースが「役員・社員主導のＭＢＯ」になる。ともに、オーナー社長をはじめ株主が得るサムマネーは、自社株の売却代金として

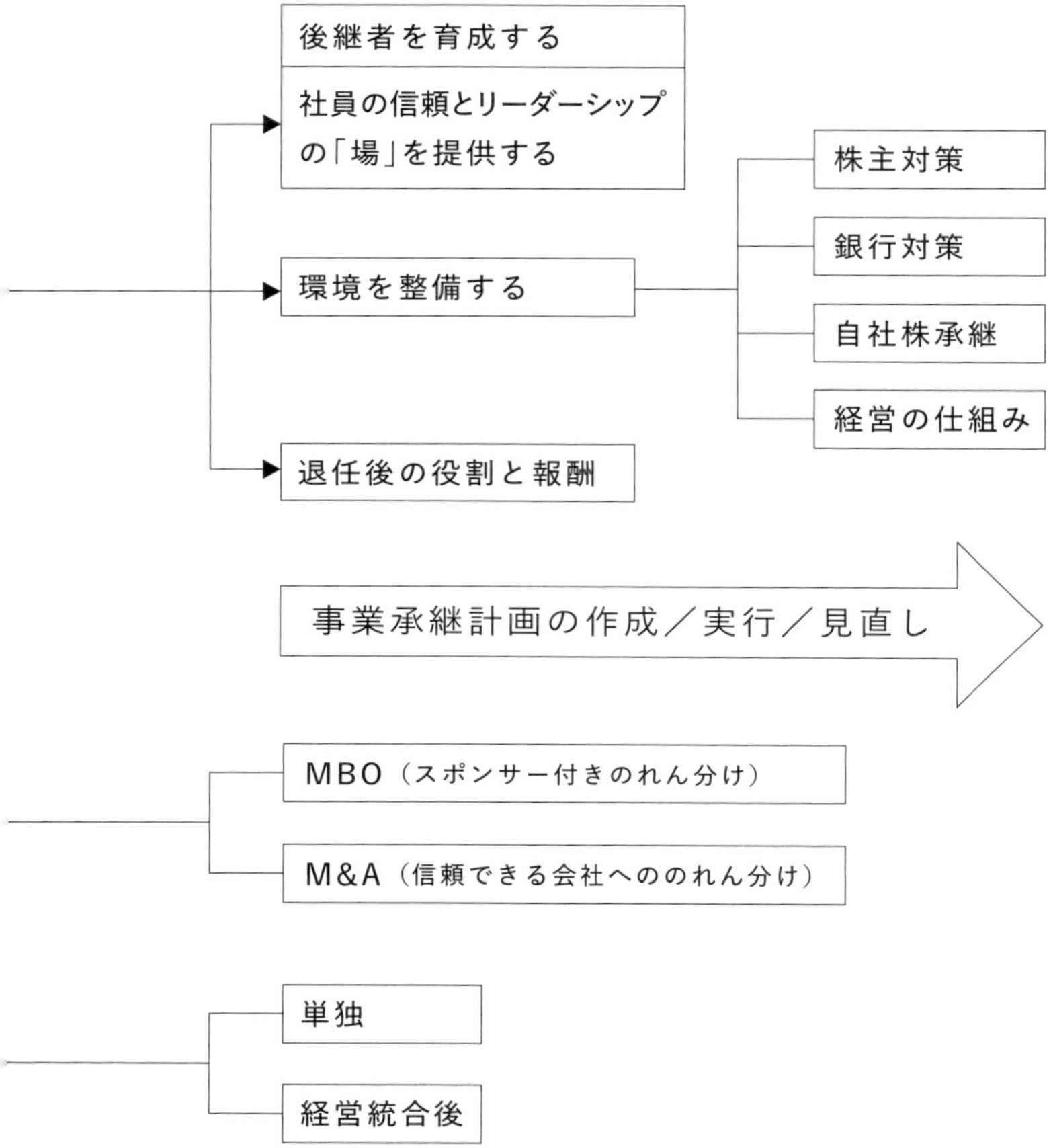

※現代版のれん分けとは……MBOまたはM&Aについては、役員も社員もともに雇用が保証され、高い確率で商号をそのまま使いながら、従来の仕事を確保できるという意味で、「現代版のれん分け」と称している

事業承継の全体像

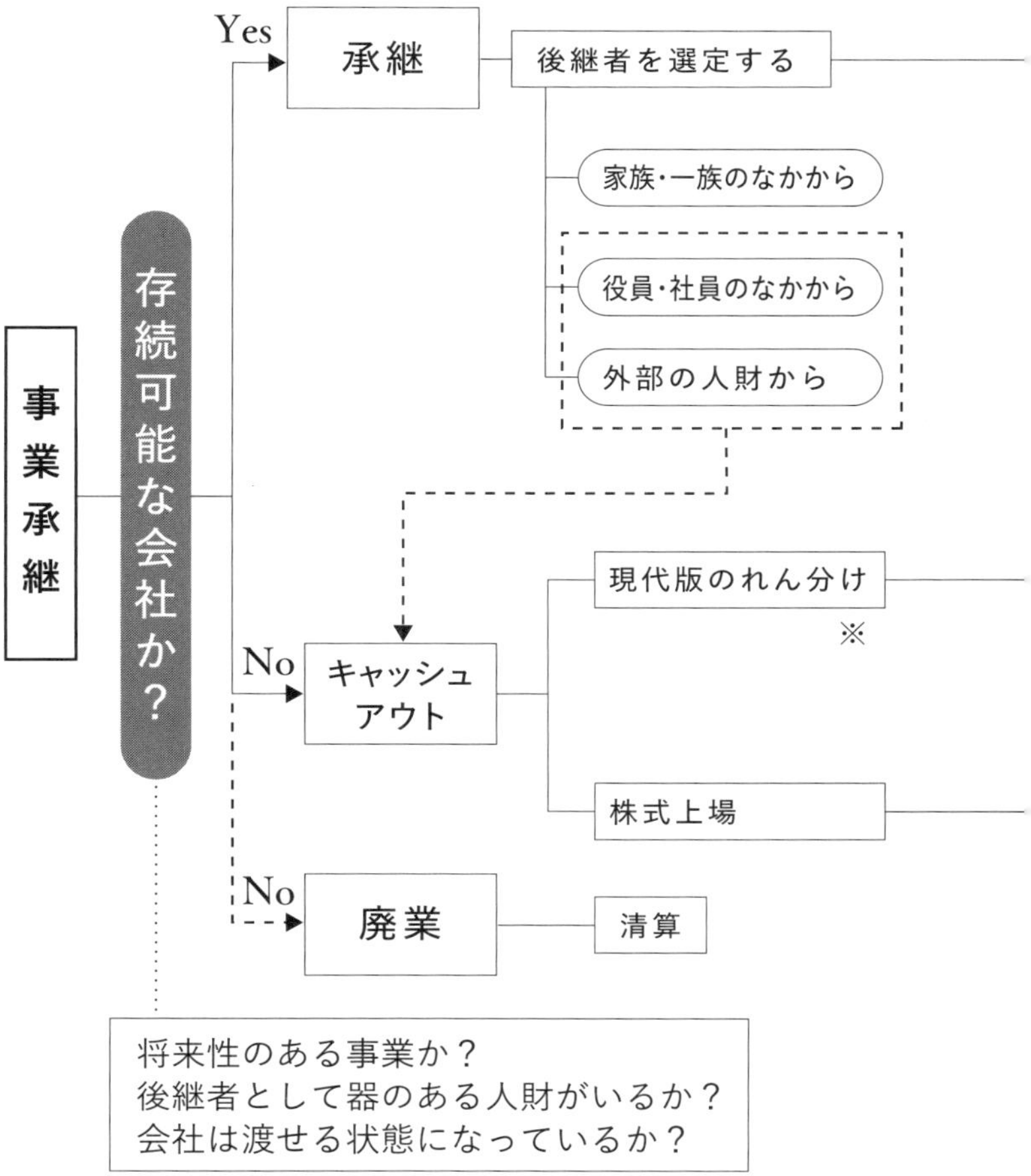
事業承継
存続可能な会社か？
Yes
承継
後継者を選定する
家族・一族のなかから
役員・社員のなかから
外部の人財から
No
キャッシュアウト
現代版のれん分け
※
株式上場
No
廃業
清算
将来性のある事業か？
後継者として器のある人財がいるか？
会社は渡せる状態になっているか？

のキャッシュである。ＭＢＯについては第５章で詳説する。

②M&A (Mergers & Acquisitions)

信頼できる会社に、会社と事業を買い取ってもらうのれん分けであり、役員、社員、取引先など、すべてをその会社に委ねることになる。社長や一部経営陣はその会社から出してもらうが、あとをやっていくのは、いままで苦労を共にしてきた役員、社員、取引先の面々である。Ｍ＆Ａについても第５章で詳説する。

事業の将来性が望めずキャッシュアウトが難しい場合は、あなた自身の手で事業を閉じる「廃業」を選ぶことになる。

これには、すべての関係者の幸せを見守ったうえで会社を清算する「幸せな廃業」と、周りに迷惑をかける「倒産的廃業」があるが、後者は何がなんでも避けなければならない。

廃業については第６章で解説する。

2 事業承継の本来の目的を理解する

子どもや親族に継がせることが目的のすべてではない

事業承継の目的は何か。子どもや親族に事業を継がせることも大きな目的といえるが、必ずしもそれがすべてではない。

何よりも重要なことは、事業を適切な後継者に引き継いで、会社を取り巻くさまざまな関係者（ステークホルダー）に良い結果をもたらすことだ。

事業承継の本来の目的である次の３点をしっかりと理解して、早めに事業承継対策に取り組むことが何より大切なのだ。

①事業の成長

事業承継で最も重要なことは、社長が精魂込めて築き上げた事業をふさわしい後継者に引き継いだ後に、その事業がさらに成長していくことにある。とりあえず社長は交代したものの、事業が衰退の方向へ進んでしまったというのでは元も子もない。

それゆえに、後継者がさらに成長させていく事業の基盤を、社長が一緒になってつくっていくことが大切になる。

②社員や取引先の安心

社長が年齢を重ね、事業承継の時期を迎えているにもかかわらず、何も考えていない、あるいは具体的な取り組みをしていないのであれば、社員や取引先はそれをどのように感じるだろうか。このままいったら会社はどうなるのだろうか、と不安を抱くのではないだろうか。それは社内の空気や社員のやる気に悪影響を及ぼしかねない。

しかるべき時機をとらえて、社長や後継者から事業承継の明確なメッセージ、プランを示せば、社員は安心して働けるはずだ。

もちろん、同じことが取引先についてもいえる。事業承継対策の大きな目的のひとつに、事業関係者に安心を与えるということもあるのだ。

③財産をめぐるお家騒動を防ぐ

事業承継の場面では、後継者や社員、取引先だけが当事者として関係するわけではない。自社株やそれ以外の財産をめぐって、いままで事業にノータッチだった親族が相続を境に口を出してくることもある。

社長はこうした財産をめぐる「お家騒動」から、事業と事業に関係する人たちを守る手立てを講じておかなければならない。

ひとたびお家騒動が起これば、それへの対処は精神的にも時間的にも大きな負担となるし、後継者が経営に全力投球できなくなるおそれもある。その影響が本業にも及んで業績の悪化を招きかねない。

また、親族間で深刻な対立を引き起こしたり、社員のモチベーションに悪影響を及ぼしたりすることも考えられる。

お家騒動を防ぐには、社長が率先して早めに事業承継対策を進めていく以外にないのだ。

3 事業承継とは何を決めることか？

次期社長は誰で経営権は誰がもつのか？

ここで根本的な問題を考えよう。それは「事業承継とは何を決めることなのか」ということだ。2021年版の「中小企業白書」には、「事業承継は、一般的に『人（経営）』の承継のほか、株式をはじめとした『資産』の承継などを含む」とある。簡潔な定義だが、要は、

①次期社長を誰にするのか
②経営権（株式）は誰に渡すのか

この2つを決めることが事業承継の本質なのだ。

「次期社長を誰にするのか」を考えた場合、考えうる選択肢としては、

①オーナー一族から選ぶ
②役員・社員のなかから選ぶ
③その他の第三者から選ぶ

この３つしかないはずだ。

「経営権（株式）は誰に渡すのか」についても、現社長が考えられるのは、

①オーナー一族でもつ
②役員・社員に渡す
③その他の第三者に渡す

この３つだろう。

したがって、「次期社長」の選択肢と「経営権」の選択肢の組み合わせによって、事業承継には９つのタイプが考えられることになるが、現実的には35ページの図のとおり、５つの選択肢に整理される。

①事業承継の王道であり、オーナー一族で経営権を維持し社長を出すケース

このケースで重要になるのは、後継者の選定と、社長になるための覚悟とスキルをいつから、どのようにして身につけさせるかという育成計画であり、どのような経営体制で引き継がせるかも重要な検討項目だ。

さらに経営権、言い換えれば自社の株式をいつごろ、どれくらいの割合で、どのように後継者に渡すかが重要になる。

いわゆる自社株対策で、いかにコストをかけずに次期社長に引き渡すかを考えなくてはならない。それが経営権移転に伴うキャッシュアウトを最小限にすることにつながる。

②経営権は一族でキープしたいが、一族内に次期社長の適任者がいないときに、役員・社員のなかから選抜して承継するケース

経営の継続性を保ちやすい方法だが、個人債務保証をどう扱うかが難しい。将来的に一族のなかから社長を出せる可能性がある場合、それを前提に大番頭のような信頼のおける人に一時的に社長を委ね、時期が来たら大政奉還をしてもらう方法もある。

事業承継を考えるための基本的なマトリックス

次期社長を誰にするか？ ＼ 経営権を誰に渡すのか？	オーナー一族	役員・社員	第三者
オーナー一族	✓自社株対策 ✓経営体制 ①		⑤ M&A
役員 社員	✓自社株対策 ✓経営体制 ②	④ MBO	おもな資金の出し手 ✓事業会社 ✓ファンド
第三者	✓自社株対策 ✓経営体制 ③		

③一族内にも役員・社員にも次期社長にふさわしい人物がいないが、経営権は一族でキープしたいという場合に、外部から社長を連れてくるケース

この場合、業界内の優秀な人財をスカウトしたり、取引関係のある金融機関や大手取引先を定年退職した人財を迎え入れたりすることが多い。いまの日本では、欧米のようにプロ経営者を探し出すのは簡単ではないからだ。

また、人的関係が濃密な中堅・中小企業では、本人に能力があったとしても外部から来た経営者が組織風土とうまくマッチするか、未知数の部分も大きい。その意味で、株主であるオーナー一族と外部経営者との相性もしっかり検討しなくてはならない。

④一族での株式保有をあきらめ、長年苦労を共にしてきた役員・社員に経営権を委ねるケース

新社長も社員のなかから選定することになる。これまで経営権を社員に渡すケースは少なかったが、これからは増えていくと思われる。

この場合、最大のネックになるのは自社株購入だ。仮に会社の時価が10億円だった場合、それを支払える社員は皆無だろう。そこで、おもに役員・社員が受け皿となって銀行や投資家から譲渡資金を供給してもらうケースが増えている。これがＭＢＯによる事業承継だ。ＭＢＯが普及したことで、社員が自社株購入資金の心配をしなくてもよいケースが多くなった。

ＭＢＯにおいては、オーナー一族や第三者から社長を選出することはほぼないと思われる。

なぜなら、社員は自分たちが育て上げてきた会社の面倒を最後まで見ると決めたからこそ、株式を買い取ったのだ。その経営を第三者、ましてやオーナー一族に任せることは、よほどの人財でない限り考えにくい。

⑤第三者に経営権を委譲するケース、いわゆるＭ＆Ａ

経営権を第三者に委ねるのだから、当然、次期社長は第三者が決定することになる。ただし、第三者の希望で当面の間は現社長が続投することもあるし、社員のなかから社長を出してもらうケースもある。

株価という側面から考えると……

株価という側面で考えると、事業承継にかかる対策の方向性が異なってくることには注意が必要だ。

つまり、経営権をオーナー一族で保持するならば、税金（贈与税・相続税）という一族にとってのキャッシュアウトをできるだけ最少にしたいと考える。したがって、納税額を抑えるために株価を下げる必要がある。

一方、社員や第三者に経営権を渡す場合には、一族のキャッシュの持ち分をできるだけ増やすために高い株価をつけようと考える。

オーナー一族で経営権を保持するか否かで株価に対する思惑が異なることには、気をつけておくべきだろう。

なお、この5つの選択肢のうち、本書の主な対象は①の事業承継であり、そのための後継者の選定と育成（第2章）、経営環境面の整備（第3章）、自社株承継（第4章）についての考え方と必要な対策を説明していく。

②と③については、各章のなかで必要に応じて説明を加え、④と⑤については第5章で取り上げる。

4 事業承継計画を策定し、計画書を作成する

事業承継計画の必要性

事業承継計画は、承継までに社長と後継者がやるべきことをあらゆる視点からまとめたマスタープランだ。社長と後継者が事業承継計画の立案に取り組むことで、社員が安心するだけでなく、取引先や銀行などの事業関係者からの信頼にもつながる。

ステップ1　承継時期を決める

承継時期を決め、そのときの社長・後継者のポストや経営権である「議決権の割合」を明確にする。社長がリーダーとなって、後継者や数人の経営幹部、将来の役員候補を加えて、承継までのスケジュールを具体的に検討していく。

42～43ページの図は、現在、課長の後継者に7年後に事業承継するための計画書だ。

ただしこれはあくまで一例であって、事業承継は会社が置かれている状況、環境によって各社各様であり、計画においてもどこに重点が置かれるかは変わってくる。

ステップ2　経営理念、経営ビジョンや思いを共有する

社長が経営理念、経営ビジョンを決めた経緯やこれらに対する自分の思いを説明したうえで、後継者とともに見直しが必要かどうか検討する。

また、社長、後継者がそれぞれ大切にしたいと思っている「思い」を、互いに尊重しあえるように共有する。

ステップ3　事業承継の具体的な対策と実施時期を決める

ステップ１で決めた承継時期までにやらなければいけないことを洗い出し、それぞれについて期限を設定する。計画書に落とし込むなかで、たとえば社長と後継者に年齢的な開きがあるような場合には、「中継ぎ」が必要になるなど、新たな検討項目も浮かび上がってくる。社長と後継者で実際の進捗を確認しあいながら、必要に応じて計画を修正する。やむを得ない場合には、承継時期を見直す。

目指すべき業績と財政状態を掲げる
重要な経営課題とその解決の施策を明確にし、取り組みスケジュールを立てる

記入日	

計画時年齢	60歳	保有株数	700株	現経営者の思い	古参社員のリストラはしない
続柄	本人	議決権割合	70.0%		
計画時年齢	30歳	保有株数	100株	後継者の思い	思考停止している風土の改革と売上の中身を刷新
続柄	長男	議決権割合	10.0%		

4年後	5年後	6年後	7年後	8年後	9年後	10年後	11年後	12年後	13年後	14年後	15年後
34歳	35歳	36歳	37歳	38歳	39歳	40歳	41歳	42歳	43歳	44歳	45歳
③→	→	→	◆④◆								
	経営企画本部長		(代取)社長								
			51.0%								70.0%
64歳	65歳	66歳	67歳	68歳	69歳	70歳	71歳	72歳	73歳	74歳	75歳
			(代取)会長								相談役
			29.0%								10%
③→	→	→	→ ◆④◆	→							
→ ②→	→	→	③→	→	→	→	→	→	→	→	→ ◆④◆
2,000	2,000	2,000	2,000	2,125	2,250	2,375	2,500	2,625	2,750	2,875	3,000
100	100	110	120	143	165	188	210	233	255	278	300
5.0%	5.0%	5.5%	6.0%	6.7%	7.3%	7.9%	8.4%	8.9%	9.3%	9.7%	10.0%
27.9%	28.6%	29.3%	30.0%	32.5%	35.0%	37.5%	40.0%	42.5%	45.0%	47.5%	50.0%
①→	②→	→	③→ ④→	→	→	→	→	→	⑤→	→	→
①→	②→ ◆③◆	◆④◆	◆⑤◆	→	→	◆⑥◆	→	→	⑦→	→	→
		①→ ②→	④→	③→	→	→	→	→	→	→	→
	◆①◆		◆②◆						◆③◆ ◆④◆		

長期事業承継計画シートはQRコードよりダウンロードできます

長期事業承継計画（記入例）

後継者がクリアすべきポイントを列挙し、その取り組みスケジュールを明確にする
現経営者が準備すべき項目を列挙し、その取り組みスケジュールを明確にする

会社名	アタックス産業株式会社
経営理念	お客様と社会に信頼される製品を提供
経営ビジョン	社会インフラを支える企業として揺るぎない信頼を築く

現経営者	氏名	アタックス太郎
	役職名	代表取締役社長
後継者	氏名	アタックス次郎
	役職名	課長

カテゴリ		現状	1年後	2年後	3年後
後継者	年齢	30歳	31歳	32歳	33歳
	クリアすべきポイント	①毎週5冊の読書 ②年60回のセミナー受講 ③風土改革のリーダーとして一定の実績 ④自己のビジョンを確立	①→ ②→		
	ポスト	課長			
	議決権割合	10.0%			
現経営者	年齢	60歳	61歳	62歳	63歳
	ポスト	（代取）社長			
	議決権割合	70.0%			
	備考	①後継者に課題図書を与える ②後継者に外部セミナーを受講させる ③風土改革を任せる ④経営権の引き渡し	①→ ②→		
ブレーンの確保・育成	①外部ブレーン採用 ②お目付役採用 ③社内ブレーンの採用・育成 ④後継者内閣、ほぼ完成		①→		
業績・財政状態	売上高	2,000	2,000	2,000	2,000
	経常利益	100	100	100	100
	売上高経常利益率	5.0%	5.0%	5.0%	5.0%
	自己資本比率	25.0%	25.7%	26.4%	27.1%
重要な経営課題	①風土改革 ②経営の仕組みの基盤整備 ③ビジネスモデルの変革 ④社内ブレーンの育成 ⑤盤石の財務体質づくり				
組織改革	①風土改革 ②経営企画本部設置と中期経営計画スタート ③月次決算制度の整備 ④予算管理制度の整備 ⑤人事制度の再構築 ⑥部門別独立採算制導入 ⑦持株会社方式導入				
ビジネスモデル・新商品・新規事業	①新商品年間××件開発 ②新商品の売上割合10%の実現 ③自社ドメイン内の新規事業開発 ④ビジネスモデルの変革				
財務強化策	①キャッシュフロー内での返済実現 ②保証・担保の解除 ③無借金化 ④余剰資金蓄積（目標5億円）				
その他					

第2章

後継者を選定し、育成する

1 〝後継者として ベストな人財〟とは？

後継者に求められる5つの資格

自社に存続可能性があると判断し、事業承継を決断したら、そこからは「後継者の選定」が最大のテーマになる。

事業であれ会社であれ、その成否の8～9割は、社長の器量で決まる。したがって、後継者には「ベストな人財」を選ばなければならない。

では、ベストな後継者とはどのような人財か。その中身について考えてみよう。

私たちはこの「ベスト」という言葉に、「資格におけるベスト」と「資質におけるベスト」という2つの意味を込めている。

資格とは、会社を承継するにあたっての「心構え」と、経営者としての「能力」のこと。資質とは、後継者として成功するために必ず身につけておきたい「人間性」のことだ。この２つの条件を兼ね備えた後継者が「ベストな人財」である。

まず、後継者の資格から見ていくことにしよう。具体的には次の５つがある。

①創業者と夢を共有できる

後継者に事業経営を渡すにあたっては、何よりも事業と会社にかけてきたあなたの情熱を引き継いでもらわなければならない。

「自分の全人生をこの事業にかける」という心構えをもった後継者を、会社の真ん中に据えたい。

その意味で、後継者があなたの夢（理念、ビジョン）を自分自身の夢にできることが求められる。前提として、精神面、体力面ともに不安のない健康体の保持者でなければならない。

夢を共有するためには、その事業が心底好きな人に承継するのがいちばんよい。好きを原動力にして事業に打ち込んでいけば、その事業の将来はおのずと明るくなるだろう。心底好きだからこそ、どうすれば顧客の支持を得られるかがわかってくるし、社長に必要な先見力も自然に備わってくる。

「父親が創業した事業だから仕方なく」とか、「親族が代々承継してきたから仕方なく」といったケースでも、後継者はある程度の使命感をもつことはできる。しかし、将来のどこかで「たった一度の人生、これでよかったのか」と迷いが生じるものだ。つまり、会社を引き継ぐ動機としては不十分なのだ。

「自分が引き継ぐ事業が心底好きだ」ということが、後継者の資格としてはいちばん大切である。

②現場が大好き

社長が現場感覚を失うと、必ずといってよいほど経営判断を間違える。現場はつねに自社の最先端だ。世の中の微妙な変化は、まず現場に表れる。だからこそ後継者は、自分自身の体に現場感覚を染み込ませる必要がある。

そのために後継者は現場経験をしっかり積んで、現場を大好きにならなければならない。現場が大好きなら、必ず先見力が身についてくる。

③無限責任を負う覚悟がある

オーナー会社を承継するにあたって、後継者には無限責任を負う覚悟が必要だ。

創業以来、社長は事業の不足資金を銀行から借り入れてきた。その際、銀行は社長に個人保証を求める。その保証も承継しなければならないからだ。

通常、これは数億円以上と巨額になる。承継時の財務内容が相当よければ保証を外すことも考えてもらえるが、そうでなければ社長に就任すると同時に「ぜひ保証を継承してほしい」と銀行から強く求められる。

本来、銀行保証などはないほうがよく、解除したいところだ。しかし、相手のあることだし、自社の財務内容も関係してくるので、全力を挙げて取り組んだとしても解除できるかどうかはわからない。したがって、後継者にはこの覚悟だけはしてもらわなければならない。

④自社株を取得する覚悟がある

理不尽な要求を出してくる外部株主から会社を守り、経営の安定を維持するには、相当数の自社株を取得して自社の経営権を確保しておかなければならない。これに必要となる資金は高額になるかもしれない。生前贈与や相続で手に入れることもできるが、その場合でも相応の贈与税や相続税を支払うことになる（第4章参照）。

⑤計数に強くなる

後継者になる覚悟を決めた以上は、絶対に会社をつぶすわけにはいかない。そのためには、勉強して計数に強くなる必要がある。

創業社長のなかには計数に弱い人がいる。創業時は技術や営業に最優先で注力せざるを得ず、計数を勉強する時間がなかったためだ。

その点、後継者はすでにあるものを引き継ぐ立場なのだから、貸借対照表、損益計算書、キャッシュフロー計算書などが読めなければならない。自社では何がどのくらい儲かっていて、何がどのくらい儲かっていないか、数字で把握しておく必要がある。そして目先の儲けより、中長期の儲けが大切だということが、自分のなかで腹に落ちている必要がある。また、

「その投資が安全か危険かをどう判断すればよいか」
「健全な赤字部門とはどういうものか」

「不採算事業の撤退基準をどのように設定すればよいか」
「税金はどこまでが節税であり、どこからが脱税になるか」
などについては、必ず知っておかなければならない。

さらに、「計数基準」という考え方も知っておいたほうがよい。この基準を超えると会社の倒産確率が一挙に高まる、という一線は絶対に理解しておくべきだ。

たとえば、貸借対照表に関連する計数基準は十分に理解しておくべきだし、損益計算書に関連する計数基準は経営幹部に強く意識させる必要がある。これにより、会社の存続確率が高まるからだ。

「ぜひ継いでほしい」とは絶対に口にしない

後継者が息子などあなたの家族であれば、自社株や事業用不動産といった相続財産と銀行借入の保証というプラスとマイナスを一体として考えることができる。これなら、後継者本人も比較的スムーズに引き継ぐ気持ちになれる。

社長の心情としても、精魂を込めて築き上げた事業であれば、そして子どもの能力が高く、後を継ぐ意欲もあるなら、後を継がせたいとの気持ちが湧いてくるのは自然なことだ。

だがその際に気をつけたいことは、間違ってもあなた自身や親族から、「ぜひ継いでほしい」などと頼まないことである。反対に、必ず事前に本人から、「ぜひ継がせてほしい」という言質をとっておくべきである。このひと言が、本人が夢と覚悟をもっていることの証しになるからだ。

自分から進んでこの事業を引き継いだという事実は、苦境に直面して「これを乗り越えなければならない」という究極のときに、後継者を支えてくれる。

後継者に求められる6つの資質

次に、後継者に求められる資質（人間性）について考えてみよう。

資質のない人物が社長になると、社員がやる気を失い、会社の業績が暗転することも考えられる。そうなればあなたの一族は財産を失い、社員は職を失い、取引先は不良債権を抱えることになる。

資質には、次に挙げる6つがある。

①素直である

まず、後継者には人間としての「素直さ」が必要だ。言い方を変えれば、社内であれ、家庭であれ、周りの人の意見をしっかりと聴く耳をもっているということだ。一般的に、社長になると意見を言ってきたり、忠告したりしてくれる人は少なくなる。当人が聴く耳をもっていなければなおさらだ。

人は意見されたとき、心をまっさらにしてその話を受け入れ、咀嚼（そしゃく）し、理解することで成長できる。素直な人間であれば、周りも良い意見をたくさん言ってくれるものだ。

②謙虚である

社長と社員の間には相互信頼が不可欠である。良き指導者たる社長がいてはじめて社員は幸せになれるし、一生懸命に働く社員がいてはじめて会社が儲かり、社長は安泰でいられる。この関係性を後継者にしっかり理解させておかなければ、社員の心はつかめない。

信じられないかもしれないが、「自分がオーナー社長になれば、この会社のすべては自分のものだ。社員が自分の言うことを聞くのは当たり前だ」などとバカげた思い込みをして、わがまま放題に振る舞う後継者もいる。そんな最悪な社長に社員がついていくはずがない。

また、後継者の能力がどれほど高くても、能力だけでは人はついてきてくれない。「能力の高い自分が社長になるのは当然だ」などと後継者に思わせてはいけない。いうまでもなく、会社はチームで仕事をするところであり、協調性や気遣いのできる人柄が大切になる。だから、後継者は周りから、「あの人のためならがんばれる」と思われるような人物になる必要がある。

それには、次の点に注意して後継者を育成するとよい。

・あせって功を急ぐように仕向けない
・じっくり時間をかけて人柄に磨きをかけさせる
・謙虚な姿勢を貫かせ、人情の機微を理解させる
・社員に対する気遣いを習慣化させる

③目標に対して執着心をもつ

会社経営は簡単な目標達成だけでは行き詰まる。成長するために、困難な目標に挑戦していかなければならないことのほうがはるかに多い。

したがって、自ら掲げた目標は何があっても必ず達成すると強く思い、さまざまな考えをめぐらせ、知恵を振り絞る人でなければ、社長としてはなかなか成功しない。目標達成については率先垂範で取り組む姿勢を見せなければ、いくら部下に目標達成を求めても、本気では動かない。

④プラス発想で考える

困難に直面したとき、社長が物事を悪い方向にばかり考えているようでは、社員は萎縮してしまう。「この試練は絶好のチャンスだ。これを乗り越えれば未来は明るい」と、プラスの方向に考えるように心のクセをつけることが大切だ。

といっても、甘い判断をしてよいということではない。経営は、「悲観的に準備し、楽観的に行動する」ことが王道で、企画段階でマイナス面をしっかりチェックするのは当然である。それがリスクマネジメントであり、そのうえであえてリスクに挑むことが経営の醍醐味でもある。

⑤研究熱心である

何事も「現地現物」に即して判断すべきである。自分の足で実地を調査し、独自の情報を得ようとする、好奇心旺盛で活動的な人だけが成功できる。そしていつも、「どうすればもっとよくなるか」「新たなやり方はないか」と考え続ける探求心をもってほしい。

⑥慎重である

1回の成功で鼻高々になるような人は、社長として成功しない。現状に満足せず変革を志向する貪欲さと、ここで間違えたら次はないという危機感を自らの内につくりだせる人が、長く成功を持続できる。臆病と思えるほど慎重な性格が、継続的な成功には不可欠なのだ。

オーナー一族が後継者になるなら「賢い振る舞い」を教え込む

後継者が一族の場合は、必ず守らせなければならない「賢い振る舞い」というものがいくつかある。それを教え込むことも後継者育成の必須課題だ。どれも社会常識に照らせばあまりにも当たり前のことだが、念のために挙げておこう。

①会社のものはすべてオーナー一族の私有物などと思わず、会社のものは会社のものであり、自分も会社の一社員にすぎないと自覚すること
②社員を自分の使用人と思わず、先輩に対しては敬意をもって接すること
③法にふれなければ何をやっても許されるなどとは思わず、社内のルールを守ること

社長の家族や一族に対しては、社内では誰も注意できない。そのため、後継者がこんな当たり前のことすら実践できないケースがよく見られる。

どの社員も、あなたに対して一種の敬愛の念を抱いてきたはずだ。「社長を信じてついてきた結果、家族を食べさせ、子どもを育て、ここまで幸せにやってくることができた」と、恩義を感じている社員もいるだろう。

だからこそ、社長一族を盛り立ててがんばろうという思いが、社員の心のなかに自然と生まれてくるのだ。

ところが、後継者が気遣いのない振る舞いをすると、そうした思いは消え去ってし

まう。そして、「こんなバカ息子の下で働けるか！」と離反する社員が出てくる。そうなると社内はガタガタになって業績も悪化することになる。

ここに挙げた「賢い振る舞い」は、人間性に磨きをかけ、社員に対する気遣いや、顧客や取引先への感謝の念をもった後継者であれば、意識せずともできることばかりだ。

2 〝ベストな人財〟をどう選ぶか？

家族や一族から後継者を選ぶ（↓35ページ①のケース）

オーナー一族で経営権を保有し続けようとすると、この〝ベストな人財〟をどう選ぶかはとても重要になってくる。

家族のなかから後継者としてベストの人財を選べるなら、あなた個人としては最高に幸せな選択になる。すべてのオーナー社長にとって、死ぬまで仕事にかかわっていたいというのが本心のはずだ。家族が後継社長になれば、生涯現役の希望もかなえられる。

だが、後継者候補がいかに優秀でも、本人が「これぞ一生の仕事」とやりがいをもって取り組んでくれないようではまずい。後継者本人にしても、一回限りの人生なのだから、親にしばられずに、自分の思うように生きたいはずである。親が一方的に後継者の役割を押しつけてしまうと、双方にとって不幸な結果を招きかねない。

また、どう見ても「ベストの人財」ではないのに、身びいきから家族を後継者に選んでしまうと、承継の目的である「将来にわたって事業が隆々と栄える」という前提が崩れてしまう。

この場合、承継実行前に間違いに気づいたら、あなたが1歳でも若くて元気なうちに路線変更の手を打たなくてはならない。

また、家族ではないが一族のなかにふさわしい人財がいるということもある。この場合は、家族に準じて考えればよい。

役員や社員から後継者を選ぶ（↓35ページ②のケース）

家族や一族のなかにはベストな人財がいないが、役員や社員のなかに後継者としてのポテンシャルをもった人物が見つかることもある。

この場合は、その役員や社員を後継者として育てなければならない。そして、どうすればほかの役員や社員の協力を取り付け、後継者を中心にいまの事業をさらに繁栄させることができるかを考えることになる。

役員や社員から後継者を選ぶ場合のいちばんの問題は、「オーナー権の取り扱い」である。あなたの家族や一族のなかに、いまはまだ若くて無理だが、将来は後継者にしたい人財がいる場合は、現状のままでかまわない。しかし、そのような後継者候補が将来にわたって見込めないのであれば、別の方法を考えたほうがよい。

普通に考えれば、自社株は社長であるあなたが所有したままになるから、将来は相続財産として、あなたの家族や一族に引き継がれる。そうなると、オーナー権は創業家一族がもち、経営は後継役員（社員）が行う状態、つまり資本と経営が分離した状態になる。

この状態を放置していると、オーナー一族と後継経営陣との間にトラブルが生じるリスクが大きくなる。それを防ぐために、第５章で解説するＭＢＯといった方法がとられることも多い（↓35ページ④のケース）。

外部人財から後継者を選ぶ（↓35ページ③のケース）

家族や一族、あるいは役員や社員のなかにも、社長の目にかなう後継者が見つからない場合はどうするか。そのときは、外部からプロの経営者を連れてくるという選択肢がある。

たとえば、取引先企業から人財を引き抜く、あるいは取引関係とは無関係に、ヘッドハンティング会社を活用して招へいし、後継者に据えるのもひとつの手だ。

その場合、いちばん大切になるのは信頼関係だ。まずはオーナー一族との信頼関係、次に社員、そして顧客企業や取引先、銀行との信頼関係を築くことができるかどうかが肝要になる。その意味で、当人の経営能力もさることながら、人柄とコミュニケーション能力がきわめて重要になる。

外部のプロ経営者に後を継がせる場合も、役員、社員の協力を取り付け、事業をさらに発展させていくように図ること、資本と経営の分離問題に正しく対処すべきことは、家族、社員に承継する場合と基本的に同じである。

どうしても後継者が見つからない場合は？（→35ページ⑤のケース）

家族や一族にも、役員や社員にも、さらには外部にも後継者にふさわしい人物が見つからないいまま、社長が高齢になってしまったらどうするか。

この場合でも、いままでついてきてくれた社員に対する雇用責任は果たさなくてはならないし、いままで会社を支持し、協力してくれた顧客、取引先に対しては、これからも期待に応えていかなければならない。社長の責任として、社会的存在となった会社をどうしても存続させなければならない。

そこで、信頼できる会社に事業と経営権を譲渡し、社員たちの後ろ盾になってもらうＭ＆Ａを行うことがいちばんうまく収まる可能性が高い。社員にすれば、経営権が移っても安心して働き続けられるほうがよいに決まっているし、顧客や取引先も事業継続が保証されれば安心できるからだ。

3 育成のスケジュールを立てる

外部で経験を積む期間はどれくらいがよいか

家族や一族から後継者を選んだら、育成の観点からできるだけ早い時期に、経営の現場を実際に経験させることが大切になる。

とはいえ、まだ若く、社会人としての経験や業界での仕事経験が不十分な場合は、その前にやるべきことがある。

まずは、「他人の飯を食う」ことだ。大学卒業後、よその会社で働かせる。しかも親のコネで入るのではなく、将来は親の会社に入ることを前提に、自分で就職先を探すことがベストだ。

あなたの会社が家業程度の小さな規模なら話は別だが、経営幹部が何人もいるような会社なら、社会人経験のない人間をいきなり入社させても、失敗する可能性が高い。

本人が社会というものを知らないため、会社内で非常識な発言をしたり、ぶしつけな態度をとったりするからだ。

それを社員たちが注意せずにがまんすると、後継者の非常識がまかり通ってしまい、社員から白い目で見られるようになる。最悪の場合、「こんな人間が後継ぎではとてもだめだ」と見放されてしまう。

だから、まずは未知の会社で平社員の経験を積ませるのがよい。そうすれば社員の気持ちを汲み取る能力や、社会人としての正しい振る舞いが身につくだろう。

できるなら、就職先は自社より規模が大きい会社がよい。大きな会社で働くことで組織運営の基本を学べる。また、自社と取引のある会社であれば、そこで培った人脈が将来生きてくる。

自社にない技術やノウハウが身につく異業種の会社を選び、現場経験を積むことも有意義だ。

自社が保有している技術やノウハウでは先輩社員にかなわないかもしれないが、将来、事業の役に立ちそうな技術やノウハウを身につけていれば、社員からも一目置かれるようになる。さらに、新社長として経営革新のリーダーシップを発揮するときにも役立つだろう。

次に、どれくらいの期間、経験させればよいかだが、それほど長く経験させる必要はない。なぜなら、そもそもオーナー社長とサラリーマンとでは、対極の立場にあるからだ。

オーナー社長は自分の会社の成長と利益だけでなく、社員の人生にも責任がある。どのような顧客価値を生み出すかというビジョンの設定は、社長が主体となって決めるものだ。当然のこととして、つねにサラリーマンより高い責任感をもって仕事に臨まなくてはならない。

自社へ入社させる時期だが、年齢的には20代半ばから30歳までがベストだ。「石の上にも三年」と言われるが、最低でも3年程度は社会人経験を積ませたい。そして、後継者としての自覚がしっかりと身についたら、「ぜひ継がせてほしい」という意思表示をさせてから入社させるべきである。

入社後は徹底して現場経験を積ませる

後継者を入社させた後も、現場経験がまだ不十分だと思ったら、一定期間、平社員として現場での経験を積ませるのがよい。

現場の仕事に没頭させることで、将来、社長になったときに必要な現場感覚を身につけさせることができる。中堅・中小企業のオーナー社長は、社内の誰よりも自社の現場がわかっていなければ、優れたリーダーシップを発揮できない。

入口としての現場経験を積ませた後は、シニアレベルの現場経験として主要セクションを順番に経験させ、会社全体を理解させる。とくに会社の「強み」となっている重点部門はしっかり経験させたい。

新製品開発力が強みなら開発部門がそれに該当するし、オペレーションの先進性がポイントなら企画部門、顧客との親密度なら顧客リレーション部門がいちばんの重点部門になる。

こうした強い部門はまさに会社の生命線なので、社長は社内の誰よりも深く理解できていなければならない。自分が先頭に立って部門を牽引できるレベルになるまで、徹底的に現場感覚を研ぎ澄ますようにしたい。

部門経営者としての「場」を経験させる

後継者が入社して数年が経ち、会社のことはほぼすべて理解した段階で、経営経験のできる事業の中核となる部門の長や本部長のポストに就かせれば、社長へのステップとしてベストのキャリアになる。部門経営者として実地の経験を積めるからだ。あるいは、重要なプロジェクトのリーダーに据えて、社長が陰で支えながら成功体験を積ませるのもよいだろう。

ただし、この「場」の提供は、本人がそのポストに耐えられて、十分な業績を上げられるだろうと判断できる場合にのみ実行すべきだ。もし失敗したら、後継者をつぶしてしまいかねない。

たとえば、現場経験を積むなかで営業能力を発揮し、周りが認める業績を上げた後継者であれば、このステージに上げてもよい。

そして、多少の失敗が許される環境ならば、後継者に自分で事業構想を練らせ、重要な経営判断を任せれば、最高の経営経験の「場」になる。

この経験を通して後継者がもつ成功体験は、将来社長になるときの大きな自信になるし、社内の誰もが後継者の実力を認めるようになれば、抜擢人事もやりやすくなる。

経営企画本部を設置して本部長に就かせる

もろもろの実務経験を通して後継者が社内で一定の評価を得たとしよう。そろそろ後継者に経営を委譲する準備をしてもよさそうだと判断できたら、承継の具体的なスケジュールを立て、想定組織図に次期社長としてのポジションを描くことになる。

その場合、まず、自社の想定組織図に経営企画本部を設置し、後継者を本部長に抜擢することを提案したい。そして、社長の経営機能のほとんどすべてを経営企画本部に移管し、現行のビジネスモデルを次なる成長軌道に乗せるための変革を推進する本部として位置づける。

このポストは、後継者を次期社長に育てるのに最もふさわしいポジションだ。なぜなら、全社的視野をもって経営判断を行うことができるし、変革を進めるための権限を集中させることもできるからだ。

経営企画本部に移管すべき経営機能として最重要のものは、「経営戦略の立案とその推進」である。自社の外部環境と内部環境をデータに基づき分析して中長期の経営計画を立案し、これを実現するために短期計画や予算に落とし込み、各部門長に指示を出しながら経営計画を実現していくことになる。

一見、現場から離れて会社全体を統括するポジションのように見えるが、じつは徹底的に現場主義で物事を考えていくポジションだ。経営企画本部が現場に立脚して考えなければ、まともな戦略など絶対に策定できない。

また、経営戦略の立案と推進が使命だから、新商品開発はもとより、新たな設備投資計画から人財の採用計画、広告・広報計画、そして資金調達計画まで、経営企画本部はすべてにかかわる。当然のことながら、取締役会、経営会議といった重要な会議体の運営もこの部門で行う。

承継前にピカピカな会社にする必要はない

後継者が家族であれ社員であれ、外部のプロ経営者であれ、事業にやりがいをもって臨み、天職と考えて携われないようでは、承継後の会社経営はうまくいかない。のめり込むほどの熱意なしに成功できる事業など、いまどきどこの世界にもない。

それゆえ社長であるあなたは、後継者がやる気をもって臨めるように、収益構造のしっかりした魅力あふれる事業に育てたうえで引き継ぎたいと思いがちである。

ところが、オーナー会社では社長の在任期間が30～40年と超長期にわたることが多い。そのため、後継者への引き継ぎを意識し始める時期が、事業の衰退が始まる時期と重なることも多くなる。社長人生の終盤において自社の事業が成熟してくるのはごく自然の成り行きなのだ。

オーナー会社においては、長期間にわたって会社を存続させてきたことに価値がある。事業が成熟していてもすぐには倒れないほどに財政状態の良い会社につくり込めていれば、後継者にとって十分にありがたいことなのだ。

もしあなたが、売上成長と高収益が十分に見込める魅力あふれる事業を築き上げていたら、後継者に対してきっとこう言うだろう。

「これから数年間は新しいことに挑戦せず、現状維持に努めるように」

しかし、後継者にしてみれば、これでは経営者としての技量を発揮するチャンスがなかなか訪れないことになる。それではたして、熱量をもって経営に取り組めるだろうか？　会社をピカピカにして引き継ぐことが、後継者にとって本当によいこととはいえないのだ。

新しいビジネスモデルに挑戦させる

それでは成熟し、成長が足踏み状態にある事業を承継する後継者に、前走段階で何をさせるのがよいのか。

ここは、若い後継者の力を大いに活用したい。現社長の後ろ盾のもと、後継者に新しいビジネスモデルを考えさせ、実行させる。後継者の肩書きや立場はどうでもよい。むしろ、すぐに社長にはせず、専務、常務や経営企画本部長などのポジションのほうが動きやすい。

成功すれば後継者の手柄にすればよいし、失敗すれば現社長の責任にできるという環境のなかで、失敗を恐れず果敢に挑戦させればよい。経営者として試運転中に、思う存分やらせるのだ。ただし、報・連・相だけは守らせる。また、長年にわたる経営経験をもつあなたを、よきアドバイザー、相談相手とすることも忘れないように。

絶対にしてはならないのは、社長であるあなたが一人で成長戦略を考えることだ。そんなことをしたら、後継者が新社長として実力を発揮する絶好のチャンスを奪ってしまう。

承継を考えるにあたり自社の存続可能性をまず検討せよといったが、じつは存続可能性のコア部分は、財産（ハード）ではなく、経営能力（ソフト）である。

たしかに、財務的に優れていることも重要だが、それをもって存続可能性があるとは断言できない。浪費を許してしまえば、財産はあっという間に消えてなくなる。

また、いかに優れたビジネスモデルができていようとも、存続可能性があるとはいえない。経営環境が変わればビジネスモデルが通用しなくなることもあるからだ。

会社に存続可能性があるというのは、後継者と経営幹部に自社の経営を正しく導く力が身についているということだ。したがって最高レベルの事業承継とは、後継者が自ら先頭に立って自社の経営革新を推し進め、成功して将来への自信を深めることである。

同じ環境にある二代目たちと交流させる

父親ががむしゃらに働いて、一代で築き上げた会社を継ぐ子どもにとって、承継の準備段階に入ってから生じる不安や悩みは深い。社長は自分の実力に合わせて事業を大きくしてきたので、仕事には１００パーセントの自信をもっているし、そのことが社員たちにも伝わり、安心してついてきてくれる。それに比べて経験の浅い後継者は、どうしても見劣りがする。「親の後を継いで、はたして自分はやっていけるのか」と不安になるのはごく当たり前だ。

しかし、事業承継が既定路線として周知されてしまえば、その不安を口に出したり、態度に表したりはできない。腹を割って相談できる相手もおらず、一人で悩むことになる。それを克服できるメンタルの強さをもっていればよいが、そうでなければ何らかのケアが必要になる。

そんな後継者には、自分と同じようにパワフルで厳しい父親にしつけられ、現在は立派な二代目経営者となっている人たちから、じかに事業承継の体験を聞く機会をもたせるとよい。

「父親は創業者として偉大な存在であり、学ぶべき点は学ぶ」
「自分が自信をもってやっていけるように教育してくれる先代に、感謝している」
「いろいろな問題や障害がやってくるが、あきらめずに最後までやり抜く」

といった先輩たちの体験談は、不安を抱えて悩んでいる後継者に、新しい一歩を踏み出す勇気を与えてくれるはずだ。

アタックスグループでも後継者を育成する場として『アタックス社長塾』という経営塾を開いている。単なる経営に関する知識教育ではなく、同じ境遇や立場の近い方々と共に学ぶことで、問題意識や志を共有することができる。

経営者に必要な知識と知恵を効率よく獲得できるとともに、これから同じ道を進もうとしている人たちから刺激を受けることもあるし、そこでの出会いが将来の人脈のひとつになることもある。

4 ケースに学ぶ 後継者育成の要諦

最重要の業務を任せて自信をつけさせたケース

Ｅ社は医療関連事業を幅広く展開している。この分野では群を抜いた地域ナンバーワン企業で、現在、グループ連結で年商80億円、社員数１５０名の規模である。

現在60代半ばの創業社長のもとで、30代前半の一人息子が専務として営業全般を見ており、事業の承継準備は粛々（しゅくしゅく）と進められている。

いずれは息子に会社を継がせたいと考えていた社長は、息子が高校を卒業すると海外の大学に留学させた。親元を離れて単身海外で勉強することで、自立心が高まることを期待したのだ。

そんな親の計らいでたくましさを身につけた息子は、無事に大学を卒業して帰国すると、E社と取引関係にある東京の上場会社に就職して2年間勤務した。その後、地元に戻ってE社に入り、社長である父親の下で経営者教育を受けることになった。

社長は息子を会社に入れるにあたって、いくつかの方針を立て、計画的に実行した。ひとつめは、会社でいちばん重要な部門の営業トップにいち早く息子を据えることだ。そのために当時、営業を全面的に任せていた専務の下で、息子を営業責任者とするべく鍛えてもらうことにした。

周囲は、「長年営業を引っ張ってきた専務から息子へ引き継ぐのは簡単ではないだろう」と見ていたが、社長はあらかじめ専務の全面的な協力を取り付けていた。息子自身も、担当部門の営業を自分がリードしていくという強い決意をもって、このバトンタッチに臨んだ。

２つめは、社長が常々ビジョンとして社員に示していたビッグプロジェクトの実行責任者に息子を任命したことだ。

医療関連事業は一年中、毎日病院に資材などを届けなければならない。

その業務を確実・円滑に行うために、社長は、大型の施設を都市近郊に建設したいと考えていた。その候補地が運よく見つかったのでプロジェクトを立ち上げ、実行責任者に息子を抜擢した。このとき息子は30歳だったが、1年半の月日と投資総額2億円をかけて見事に完成させた。

3つめは、息子が次期社長になることを前提とした役員陣の刷新だ。主要部門の担当の専務を含め、社長と共に長年にわたって会社を支えてきた役員が4名いたが、いずれも社長と同世代だったので、社長交代を機に若返りを図ることにした。

社長は息子が入社する1年前に、信頼できる外部人財を管理部門の幹部として迎えていた。また、若手社員のなかから2名を役員に抜擢する人事を行った。このとき社長は、苦労を共にしてきた役員一人ひとりに礼を尽くして説得にあたった。

現在、社長は社会貢献活動など対外的な活動に専念し、専務となった息子が営業を中心として経営全般を掌握している。そして社内、社外から抜擢した3人の役員がそれぞれ経営管理、設備工事、経理財務を担当している。

医療制度改革のなかで会社を取り巻く経営環境も変化が絶えず、必ずしも追い風ばかりではない。しかし、社長の大所高所からのアドバイスを受けながら、専務を中心に若返りを図った経営陣が、変化する環境に対応した新たな戦略を実行している。息子は社内外の信頼を得て、リーダーシップを発揮する頼もしいトップに成長している。

ケースから学ぶ後継者育成のポイント

Ｅ社の事業承継が成功した要因は２つある。

ひとつは、単身での海外の大学への留学、東京の大手企業への就職を息子に課し、「若いうちの苦労は買ってでもせよ」という状況をつくりだしたことだ。

もうひとつは、事業上で重要な意味をもつプロジェクトの実行責任者を思い切って任せたことである。

いずれも、次代の社長にふさわしい人財に成長させるべく、あえて苦労の多い経験を積ませている。とくにプロジェクトの場合、後継者にかかるプレッシャーは相当なもので、精神面、体力面で大きな試練となったはずだ。

このような場合、小さなミスはいくらしてもリカバーできるが、会社の命運を左右するような決定的なミスをさせるわけにはいかない。後継者が失敗すると、本人が自信を失うだけでなく、周りの人の目も厳しくなる。そのリスクを回避するために社長自らが、後継者の気づかないところでプロジェクトの成否をチェックし、サポートする必要がある。

幼少期から計画的に後継者を育てたケース

K社は食材総合卸業を営んでおり、都市近郊に巨大な物流センターを構える優良企業だ。現在の年商は約200億円で、社員数200名である。

戦後間もなくに創業し、現社長のNさんが生まれたころは30名ほどの住み込み店員がいたそうだ。

Nさんは3人の姉とともに、日曜・祝日はもとより、春、夏、冬の休みには店の雑用を手伝い、遊ぶ時間はなかったという。

Nさんの仕事は商品の配達だった。それだけでなく、先代は息子を後継者に育て上げるため、さまざまな仕事をやらせた。不動産登記、税務申告などの仕事もあり、すべてにおいて「自分でやる」ことを徹底させた。

先代はたいへんに勉強熱心で時間が許す限りセミナーなどにも参加し、講師の著書、講演テープ、ビデオを買って帰ってはＮさんにも勉強するようにと手渡していた。

Ｎさんは当時のことを振り返って、「父はたいへん厳しい人でしたが、何でも自分でやり抜くことを叩き込まれたことが、いまの自分にとっていちばんの財産となっており、感謝しています」と語っている。

Ｎさんは大学を卒業するとすぐに父親の会社に入ったが、最初の1年間は地元の財界が設立した研究機関の後継者養成コースに通った。そこを修了して会社に戻ったＮさんが先代から指示された最初の仕事は、業務のＩＴ化だった。

この仕事に3年従事したことで会社全体の業務の流れがつかめただけでなく、自ら現場に入って業務を棚卸しし、標準化し、改善することで多くのことを学んだ。そしてＮさんは28歳のときに志願して営業部門に移り、２年間、新規開拓の飛び込み営業を経験した。

先代は日頃からNさんにも、「30歳まではとにかく勉強しろ」と言って、外部セミナーや研修によく行かせた。

こうして、息子が幼少のときから後継者に育て上げることを計画的に行ってきた先代は、経営のバトンタッチもまた見事であった。自分の満70歳の誕生祝いに家族が集まった席で、突然、社長交代を発表したのだ。

「自分は70歳までの命だと思っていた。これからは第一線から退いてゆっくりさせてもらう。明日からNが社長になるのだ」

Nさんは30歳になっていた。突然の社長指名に驚き、戸惑いもあったが、いつかは継がなければいけないと覚悟していたので、すぐに気持ちを切り替えた。

この日を境に、先代はNさんに仕事の指示を出すことはいっさいなくなり、Nさんのほうも、会社の実印を押すときに先代の承諾を得る以外は、すべての経営判断を自分で行うようになった。

70歳から30歳へのバトンタッチに社員たちも当初は戸惑ったが、新社長は子どものころから知っている身近な存在。時間が経つと、先代には言いにくかったことも、いろいろ言ってくるようになった。給料や福利厚生への不満から、若手とベテラン間のトラブル、取引先からの無理な要求など、さまざまな声がN社長のところに集まり、それへの対応に時間を取られることもしばしばだった。

そうして3年が過ぎたとき、会社で昇給をめぐる労働争議が勃発した。N社長は2カ月近く社員代表と交渉を続けたが妥結せず、最後は「賃上げ要求をのまなければ、明日からストライキに入る。すべての配達をストップする」と通告された。

強烈なトップダウンでやってきた先代はこんな事態になっても強硬な姿勢で臨むべきだと考えていたが、Nさんはスト宣言にショックを受けたものの、社員たちの気持ちに気づけなかったコミュニケーション不足を反省し、要求を受け入れようと考えた。その方針をめぐって先代と徹底的に意見を戦わせたが、最後は「お前がやっていく会社だから」と先代が折れ、争議は解決した。

この体験からNさんは、「人事は損得勘定ではなく善悪で判断する」ことと、「会社の将来の姿を社員たちに見せる」ことが経営者の役割だとの考えを強くしたのだった。

そして、これまでのコミュニケーション不足を解消するために組織体制を見直し、会議体を整備していった。たとえば、営業会議を毎週開催して営業現場の情報を共有し、お互いの失敗談、成功談を話し合うことで社員同士のコミュニケーションの機会を増やすようにした。

また、経営幹部が全員参加する経営会議を月1回で開き、前月の業績報告、今後の経営課題の検討などを組織的に行った。このような会議体を整備することで、経営の基本であるＰＤＣＡのマネジメントサイクルが社内に根づいていった。

会社の仕組みを刷新したN社長は、経営者として会社の将来像を社員に示すための行動を開始した。

具体的には、組織的、計画的な経営を行うために経営計画書を一人で策定し、社員全員に発表し、計画をやり抜いた。この経営計画に対して古参社員のなかからは総論賛成・各論反対の声が上がり、結果的には古参社員の7～8割が辞めていった。それでもN社長の方針に中堅・若手社員は賛同し、積極的に協力してくれたことで、「彼らがこれから会社を変えていってくれる」と確信することができた。

30歳でいきなり社長になったNさんは、若手社員の支持と信頼を得たことで、社長としての自信をもった。さらに、経営環境が変化し、本業が衰退するなかで、ビジネスモデルを大胆に転換して事業を成長軌道に乗せたことで、経営者としての自信を深めていくこととなった。

ケースから学ぶ後継者育成のポイント

このケースにおける成功のポイントは次の2つだ。

ひとつめは、先代社長の考えである「経営者になるためには経営者としての訓練が必要だ」ということ。たしかに、後継者育成において現場経験は大事だが、営業が大事だからとそればかりやらせていても経営者にはなれない。「優秀な営業担当にはなれたが、経営者にはなれなかった」ということになりかねない。

帝王学と言い換えてもよいが、組織の上に立ち、組織を引っ張っていける能力、精神力が養われるように、多種多様な経験を積ませることが大事になる。

2つめは、何事であれ後継者が自分でいったん計画したことは、最後までやり通させることである。後継者は物事を自分で決断し、やり抜くことができなければ、リーダーとして社員を引っ張っていけないからだ。

あせりから後継者の選定を間違えたケース

50年以上続く製造卸会社のF会長（76歳）は、いまから18年前、大手企業に勤めていた長女の婿を説得して後継者として入社させた。息子がおらず会社を誰に継がせるかで悩んでいたFさんは当時、周りに対して「ようやく後継者ができた」と胸を張って喜んでいた。

ところが、長期不況のなかで事業環境がきわめて厳しくなり、業績悪化を打開するための経営方針をめぐって会長と社長の意見がことごとく対立するようになった。

Fさんが、「主力の製品の製造販売は、東南アジアに製造をシフトすればまだまだ十分に採算が取れ、生き残っていけるはず」と考えていたのに対し、後継社長である娘婿の経営方針は、「もう製造卸では生き残っていけない。本業を縮小して、ささやかに手掛けていた輸入販売事業に力を入れるべきだ」というものだった。

Ｆさんは８年前、親しい経営者仲間から、

「君もいい歳になったのだから、そろそろ婿さんに社長を譲ってはどうだ」

と強く諭され、自分はまだまだやれると思ったものの、入社して10年になる娘婿のことを考えてしぶしぶ社長のイスを譲り、会長に就任していた。

しかし娘婿にしてみれば、社長になったとはいえ名ばかりで、自社株の大半は義父の会長がもったまま。実質的な権限はまったく与えられていなかった。そればかりかＦ会長からはことあるごとに、

「君が現場に下りていかないから、うちの実力がいまだにわからんのだ」

と頭ごなしに批判されてばかり。

「三顧の礼で迎えられたはずなのに……、一生の不覚だった」と後悔する毎日だ。

Ｆさんは Ｆさんで、経営方針をめぐる娘婿との口論に疲れて帰宅すると、今度は娘から、

「お父さん、いいかげんにしてよ！　もう社長を譲ったんでしょう。彼は一流会社を

辞めてうちに入ってくれたのよ。あのときのこと覚えているでしょ。彼にすべてを任せたらどうなのよ」と厳しくなじられる始末だった。

たしかに18年前、Fさんは還暦を目前にして後継者の当てがまったくないことに少しあせっていた。同年代の親しい経営者の間では、しきりに後継者のことが話題にのぼっていた。肉体的にも精神的にもまだまだ会社を引っ張っていく自信はあったが、いずれは事業承継をしなくてはならない。元気なうちに後継者候補だけでも見つけなくては。

そんな思いにとらわれるなかで長女の婿が理路整然と話すのを見て、「さすがに一流大学を出ているだけのことはあるな。うちのような中小企業にとっては得がたい逸材だ」と思い込み、どうしても後継者になってほしいと懇願して入社してもらったのだった。

しかしいま、Fさんは、「この娘婿では、これからの厳しい環境を切り抜けることはできない」と、その能力を見限っているようだ。

いちばん気に入らないのは、口ではもっともらしいことを言うのだが、自ら進んで現場に下りていって汗を流さないため、いまだに社員との信頼関係を築けていないことだ。また、将来に対する見通しにしても、根拠にしているのはよそで聞いた話の受け売りにすぎず、自らの目と頭で判断して行動に移そうとしているようにはとても思えなかった。

ビジネスモデルの転換には大きなリスクがある。Ｆさんは、娘婿には社内をまとめる力がなく、信念をもってやりきるだけの実行力がないと判断していた。

いっぽうの娘婿は、大会社を辞めてまで義父の会社を継いだ以上は、ある程度のリスクを取ってでも輸入業への転業という積極策に打って出て、経営者としての実力を示したいところである。

ところが、会長は自分の意見にいっさい耳を貸そうとせず、社員もひたすらカリスマ会長の顔色をうかがってばかり……。

「社長とは名ばかりで何の権限もないのに、いったいどうしろと言うんだ」と、娘婿は会長にも社員にも不満を募らせていた。

「このままでは倒産にまっしぐらだ。自分の年齢を考えると、銀行からの大きな借入金を一刻も早く返済して安心したい。自分と娘婿が内輪もめをしていることがわかってしまうと、銀行から見放されかねない」

現状の苦しさを誰にも相談できないFさんは、娘からは文句を言われ、娘婿とは理解しあえない状況のなかで、事業規模を徐々に縮小し、いずれは廃業するしかないと考えている。

ケースから学ぶ後継者育成のポイント

Fさんの見通しが甘かったことは確かだ。自社の存続可能性をもっとしっかり考え、業界が今後いかに変遷するかについて、自分の目で厳しく見通しを立てるべきだった。そして、自社が勝ち残っていくために必要な経営施策はどのようなもので、それを担える経営者の条件とは何かを、もっと深く考えるべきだった。

そのうえで、自分の考えに賛同してくれる人を後継者候補として選べばよかったのだ。その意味で、優秀そうだというあいまいな理由だけで、娘婿に頼み込んで会社に来てもらったのは大失敗だった。

さらに、社長になるための教育を積極的に行った様子もなく、社長に据えてからも権限委譲が中途半端だった。「まだ自分ががんばらねば」との意識がいつまでも強かったのではないか。

一方、娘婿にとっては、もともとやりたい仕事ではなかったのだろう。しかも、「わざわざ来てやったのに約束が違う」と思っている。

製造卸という事業を天職と考え、現場に溶け込める人物に承継させるべきだった。「この会社の社長をぜひやりたい」「社員と一緒に汗を流してがんばってやっていきたい」と心の底から思っている人がよかったのだ。

そんな後継者がどうしても見つからなければ、初めから事業承継をあきらめるべきだった。いまとなっては〝後の祭り〟だ。

第3章

承継をスムーズに進めるために「環境」を整備する

1 親族株主とは良好な人間関係を維持する

コミュニケーションを頻繁にかつ十分にとる

社長として事業承継を決断したら、そのことをステークホルダー（利害関係者）に報告して理解してもらい、承継がスムーズに行われるように協力を要請することになる。

ステークホルダーには社員、株主、取引先、取引銀行などがあるが、ここではとくに親族株主と取引銀行について、どのように対処していけばよいかを説明したい。

会社のステークホルダーのなかで事業承継に際して最も重要になるのが株主だ。オーナー会社の場合は株主といっても親族関係にある人がほとんどだが、創業から数十年以上を経ている会社では、相続を繰り返すことで株式が分散している可能性があるので、注意が必要だ。

後継者が二代目であれば兄弟株主との関係をどのようにもっていくかが、三代目であれば従兄弟株主との関係をどのように処理するかが課題になる。

存続可能性の高い会社として歴史が長くなればなるほど、親族関係も成熟化し、複雑化していくからだ。対応を間違えると、急に会社の経営に口を出されたり、想定以上の金額で株式の買い取りを迫られたりすることもある。

親族というのはそれぞれがさまざまな思惑を抱いているため、事業がうまく回っているときほど配慮が必要になる。すでに事業から離れている親族株主に現在の事業運営の苦労を理解してもらうのはまず無理だろうし、現社長や後継者の立場を利権ととらえる親族もいるかもしれない。

そこで、親戚の集まりなどには社長と後継者が積極的に出かけていき、コミュニケーションを十分にとって良好な人間関係を維持する。そうした場を利用して事業や後継者への理解を深めてもらうことが、賢明な株主対策になる。

社内の親族株主には相応の配慮を

あなたの会社が創業100年を超える名門企業で親族株主がすでに何人も自社に入社しているケースでは、彼らに対してそれ相応の目配りが必要になる。当人の実務能力がほかの社員と変わらないようなら、優先的に取り立てるくらいの配慮があってもよいだろう。

彼らにも創業者一族であることへの誇りや忠誠の気持ちがあるだろうから、事業承継に伴う組織改編の際に彼らに配慮すれば、後継者の強い味方になってくれることも期待できる。

いずれにせよ、社長であるあなたには後継者と親族株主との良い関係づくりを支援する責任がある。いままで親族株主との関係をないがしろにしてきたのであれば、いまからでも改めるべきだ。

親族株主と敵対的な関係になったり、疎遠にしたため音信不通になっていたりする場合は、下手をすると赤の他人より扱いにくい株主を抱える結果になりかねない。それは後継者の会社経営に大きなリスク、障害となるだろう。

また、あなたが何代目かの社長なら、創業者の友人やそのときどきの社員などがもっていた株式が整理されないまま、相続によって株式が分散している場合がある。これも基本的には親族株主と同じような対応をとるしかない。

先方がもっている株式を納得できる価格で買い取れるのなら、事業承継に先立って買い取ったほうがよい。

この場合、現社長が買うのか、会社が買うのか、第三者が買うのか。また、それぞれの場合の価格はどうすればよいのか、といった問題がある。これについては微妙な問題が含まれるので、あとになって税務署からの指摘で想定外の税金を支払うことになったり、一人の親族株主からの買い取りが連鎖してほかの株主からも買い取ることになったりするなど、想定外の資金流出につながらないように、財産承継の専門家に相談するのが賢明だ。

なお、後継者への自社株承継にまつわる諸問題については第4章で詳述するので、そちらを参考にしてほしい。

2 銀行対策としてやるべき5つのこと

銀行がいちばん気にするポイント

ステークホルダーのなかで最大の資金提供者である銀行が後継者をどう評価するかは、きわめて重要な問題だ。銀行が積極的に支援してくれるなら後継者は外憂なく事業に専念できるが、逆に人間性や経営能力に疑念をもたれれば、さまざまな資料の提出や説明を求められ、最悪のケースでは貸付金の返済や担保の追加を要求されることもある。

「うちは財務内容がしっかりしているし、無借金だから、銀行なんて関係ない」と考えている社長もいるだろう。現在はたしかにそうかもしれないが、事業を引き継いだ後、20年、30年にわたって、「絶対に銀行の世話になることはない」と言い切れるだろうか。

現在は無借金でも、後継者が事業に専念できるように、また将来のいざというときのために、銀行との取引関係をしっかり整えておくことは、社長であるあなたの重要な責務といえる。

事業承継で銀行がいちばん気にするのは、「社長が代わることで信用力が悪化しないか」ということだ。そこで、

①なぜ社長が交代するのか？
②後継者は社長として信頼できる人物か？

ということについて、銀行は一抹の不安を抱くことになる。

とくに②に関しては、貸したお金をきちんと返済してくれる人物かどうかを見極めようとする。

銀行が信頼できると考える社長のポイントは次の２つ。

①経営力（経営手腕）がある
②銀行とのリレーション（関係構築）力がある

経営力については、後継者の力量が評価されるようになるまで、現社長が会長職に就くなどしてカバーできる。しかし、リレーション力で不信感をもたれてしまうと、何を言ってもまともに聞いてもらえないなど、致命的な事態を招きかねない。

銀行に対してどんな行動をとるべきか

事業承継に際して銀行が見るポイントとして、社長交代の理由と後継者の人間性、後継者の経営力および銀行とのリレーション力を挙げた。

では、銀行に対して具体的にどう行動すればよいのか。それには5つのポイントがある。

①事業承継について合理的に説明する

なぜ交代するのか、という疑問や不安をもう少しかみ砕いて説明すると、

「社内でいろいろな問題が起こっているから、交代するのではないか」

「人事抗争の結果、交代に追い込まれたのではないか」

ということになる。したがって、これらの不安を払拭する合理的な説明が不可欠に

なる。

社長・後継者の年齢・健康状態、後継社長を支える社内体制の整備、後継者の実力などを踏まえ、けっしてトラブルの結果や私情（後継者となる息子への溺愛など）からの交代ではないことを説明する必要がある。

②後継者の経歴・実績を説明する

後継者が会社の財務・経理や経営企画などの部署にいて、すでに銀行と接点をもっているのであれば、それほど心配する必要はない。しかし、営業や製造のように銀行と直接的な接点がない部署にいたのであれば、十分な経験を積んでいたとしてもそこでどういう業務を担当したのか、その成果がどうだったかについて、具体的に説明しなくてはならない。

なぜそこまで銀行に説明するのかと思うかもしれないが、そこで労を惜しんではいけない。信用の第一歩は、まず後継者の人となりを理解してもらうことにあるからだ。

これは銀行に限ったことではないが、社内外のあらゆる関係者に後継者を理解してもらうために最大限の努力をすべきなのだ。

③後継者には数字で話をさせる

銀行は財務諸表をベースに会社を理解している。したがって、銀行と話をする際の共通言語は損益計算書や貸借対照表などの決算書である。後継者は自社の決算内容をしっかりと頭に入れたうえで、「同業他社との利益率の差異」「売上、利益の傾向」「資産余力や資金構造」などについて、数字で論理的に説明できなくてはならない。

銀行員は概して業界特性や技術についてはそれほどくわしくない。そうしたことも数字とともに説明すれば説得力が出てくる。

④後継者に所信表明させる

これも対銀行に限ったことではないが、後継者は社内外のあらゆるステークホルダーから協力を取り付けるために、自分の経営方針や経営目標を理解してもらう必要がある。いわゆる所信表明だ。

所信表明にあたっては、後継者があまり大風呂敷を広げないように気をつけたい。よくあるケースだが、後継者がやる気満々で、事業に対する自分の思いをわかってほしいとの気持ちから、「3年間で売上を倍増させたい」「積極的なM&Aで事業を拡大していく」などと話すことがある。

しかし、このような大言壮語をすると、銀行からは最も警戒すべき社長と見られてしまう。なぜなら、事業を急速に拡大させたがために会社をつぶしてしまった経営者を、銀行員は数多く見ているからだ。急成長の怖さを最もよくわかっているのが銀行なのだ。

したがって、後継者は闘志は内に秘めて、堅実に進んでいくというスタンスで所信表明を行うほうがよい。

⑤新旧社長で銀行の支店長と面談する

会社を担当している銀行員は、担当者、課長もしくは次長、支店長（最近は支社長の場合も多い）、審査役、支店担当役員など、意外にたくさんいる。

では事業承継についてまず誰に相談すればよいのかといえば、結局のところ支店長以外にはいない。

支店長は支店のなかで唯一、決裁権限をもつ、ある意味で「支店の社長」である。

したがって、新旧社長が挨拶に出向くのであれば必ず支店長を訪ねるべきであり、担当者や課長・次長止まりにしてはいけない。

実際には、多忙を理由になかなかアポイントメントが取れなかったり、面談までに手間がかかったりするかもしれないが、必ず支店長と面談しなければ効果はないと心得ておこう。

銀行の担保・保証を整理する

ここまで述べてきたことを実行すれば、後継者に対する銀行の信頼を獲得でき、銀行との関係が万全になるかというと、残念ながらまだそうとはいえない。

中堅・中小企業の場合、例外はあるものの、銀行は貸し付けに対して不動産担保の提供や社長の債務保証を要求する。不動産担保も、事業用資産だけでなく社長の自宅まで要求するケースが少なくない。

そこで社長としては、後継者が事業に専念でき、また必要以上のリスクを取らなくてもよいように、できれば承継時までに担保・保証の問題を整理しておきたい。

銀行が担保・保証を要求するのは会社が借入金を返せなくなるリスクを考えてのことだが、業績、財務内容ともに申し分のない会社でも、銀行は担保や保証を要求する。これは経営者の誰もが不満に思うところだ。

しかしながら、それには相応の理由がある。中堅・中小企業の場合、経営の実権は社長が握り、株式も社長ならびにその一族で支配権をもっているケースがほとんどだ。ということは、極端に考えれば、社長はやろうと思えば会社に対して何でもできる。たとえば、税務リスクや法務リスクを無視すれば、社長とその家族で会社の利益をすべて報酬として吸い上げ、会社を赤字にしたり、資産を個人に譲渡したうえで法的整理を申請したりすることもできる。

これは銀行にとって非常に大きなリスクである。したがって、銀行が担保・保証を要求するのは、社長が変なことをしないように牽制する意味が大きいのだ。

裏を返せば、社長が自ら「会社に対してけっして変なことをしない」と銀行に約束し、銀行が納得すれば、担保・保証は解除されることが多い。

社長にとって銀行の信頼を得たうえで担保・保証が解除されるのであれば、これほどよいことはない。

担保・保証の解除は、社長のあなたや後継者にとって、精神的な余裕を生むだけでなく、今後の経営の裁量を広げることにもなる。つまり、

・設備投資などで大きな資金調達が必要になったとき

・業績が悪化して銀行からの返済プレッシャーが強まったときなどのために、担保・保証というカードを残しておけるからだ。

このカードをもっていれば銀行と条件交渉ができるし、条件の良い銀行に乗り換えることも可能になる。担保・保証がフルに付けられている状態では銀行の言いなりにならざるを得ず、交渉の余地はほとんどない。

担保・保証の整理は、自社の経営を安定させるためには非常に有効な方法であり、担保・保証を解除してもらえるように全力を傾けなければならない。

とはいえ、すべての会社が銀行の担保・保証を解除してもらえるわけではない。一定の経営レベルに達していない会社では困難な課題である。

担保・保証解除の条件としては、企業規模、利益水準、収益基盤の安定性、資産余

力などがあるが、それらがどのレベルに達していれば解除が可能になるかというと、一概には言えない。

取引銀行のスタンスによっても違ってくる。したがってコンサルティング会社や、内容についてよくわかっている銀行員に聞くしかないだろう。

3 経営理念を承継し、新しいビジョンを策定する

「社長の信頼＋後継者の自信」＝経営理念の承継

社長のあなたが後継者に経営権を渡すためには、次の2つが必要になる。

①「これで後継者に経営を任せても大丈夫だ」という後継者への信頼

②「これなら自分が現社長に代わって経営トップとして事業をやっていける」という後継者の自信

この信頼と自信がしっかり噛み合ってはじめて、スムーズな事業承継が可能になる。そして、社長と後継者の信頼と自信のすり合わせでいちばん重要なのが「経営理念」の承継である。

ちなみに「承継」の言葉には、先代から「地位や精神、身分、仕事、事業を受け継ぐ」という意味があり、「義務や財産、権利」を受け継ぐ「継承」とは意味合いが異な

る。だから「事業承継」というのであって、まず受け継ぐべきは精神の部分、つまり経営理念だ。

経営理念とは、長期的な観点から、事業を通じて会社がステークホルダーのために何を実現しようとしているのかを社内外に表明したものだ。ステークホルダーとしては、顧客、社員、株主、取引先、地域社会が考えられる。

なかでも、経営理念を考えるうえで第一に重視すべきは顧客である。まずは「当社の製品・サービスを購入してくれるお客様にどんな価値を提供できるのか」を明確にしなければならない。

２番めに重視すべきステークホルダーは社員だ。「社員に対して会社は何を提供できるのか」「社員はどうあらねばならないのか」「どのような考え方の社員であればこの会社で幸せになれるのか」といったことが経営理念に示されなければならない。

３番め以降の順位については意見が分かれるだろうが、昨今のコンプライアンス違反などの企業不祥事、産業廃棄物処理や地球温暖化対策といった環境問題などを考えると、３番めに重視すべきは地域社会になるだろう。

販売した製品の不良による事故を隠蔽する会社、環境問題に無頓着な会社、社員へのハラスメントが横行する会社、談合など社会的・倫理的に不公正な行動をとる会社は、消費者や就職を考えている学生などから見放されてしまう。そんな会社が長期にわたって存続することは難しい。

4番めが取引先だ。顧客に支持される価値創造を行うためには、原材料、部品などを供給してくれる仕入先にとどまらず、機械設備会社、銀行など金融機関、運送会社、業務委託先など、自社の事業遂行に欠かせないさまざまな事業者の協力が必要だ。取引先は大事なビジネスパートナーであり、自社とはＷｉｎ－Ｗｉｎの良好な関係でなければならない。

そして5番めのステークホルダーは株主。ほとんどのオーナー会社は社長一族が株式を保有しているため株主を意識することはあまりないが、前述のとおり親族株主には配慮しなければならない。さらに、社員持株会、ベンチャーキャピタル、主要得意先などの株主がいる場合は、その支持を得ることも必要になる。

なぜ経営理念が必要なのか

経営理念を明文化する意義は、次の2点に集約できる。

①「わが社は何のために存在しているのか」という経営の土台となる考え方を表明することで、顧客・消費者に対しては「どのような価値を提供できるか」を伝え、社員に対しては仕事をするうえでの価値判断の基準を伝える。

②社会的・経済的に重大な局面に相対したときに、経営理念に表明された価値判断の基準を守りとおすことで経営上の致命的な危機を回避する。

自動車会社の性能試験における不正行為、製薬会社の異物混入など、企業不祥事といわれる事件が後を絶たないが、その際の対応を間違えると会社の社会的信用は地に落ちる。

そんな危機的状況に直面したときに、経営理念に従って判断・決断・行動できる経営陣と社員がいれば、会社は危機を乗り越えられる。

会社が危機的状況に追い込まれたときこそ、経営理念に立ち返って経営判断すべきだということを、しっかり後継者に伝えたい。

経営理念の改訂を後継者に指示して一緒につくり替える

経営理念は社長から新入社員まで、社内のすべての人間が頭と心に刻み込み、判断基準や行動規範とすべきものである。したがってその内容は、平易な言葉で簡潔にまとめられていなくてはならない。朝礼、会議の場で経営理念を唱和する会社は多いが、簡潔で唱和しやすい文章であれば、社員の頭のなかに自然に入り込める。

また、経営理念は額に入れて社長室や会議室に掲げるだけでなく、たえず社員の目にふれるように工夫することが必要だ。社員手帳やカードなどの印刷物にして、全社員が身につけるようにしている会社も多い。

経営理念をただのお題目にしないためには、社員が経営理念に従って判断・行動できているかどうかを人事評価の重要評価項目に取り入れるとよい。そうすれば社員はつねに経営理念を意識するようになるだろう。

ところで、創業社長の思いや信条などは、意外と後継者に理解されていないことが多い。その理由はいたってシンプルで、創業社長の思いや信条を真面目に話し合う

「場」がないからだ。そこで、経営のバトンタッチを行うプロセスで、社長が経営理念の改訂を後継者に指示してみよう。

「この会社は私がこんな思いで始めた。こんな信条を大切にしてこれまで事業をやってきた」と語り始め、「経営理念はこんな経緯で考えついたが、いまの時代には少し合わないかもしれない。君が中心になって改訂してくれないか」と依頼すれば、後継者は、「社長は自分を信頼して任せてくれた。ここはひとつ気合いを入れてやってみよう」と、モチベーションが高まるはずである。

そして何より、後継者と一緒になって経営理念をつくり替えるプロセスを通して、創業の思い、自分が大切にしてきた社風などについて後継者と話し合いながら、経営理念の根本にある精神を承継できるのである。

パーパスの制定を検討するのもよい

経営理念と同様に会社の存在意義を示すメッセージとして、「パーパス」を制定して掲げる企業が増えている。これは自社における「事業の使命と目的」を簡潔に表すものので、２００８年のリーマンショックの反省を受け、会社の目的が短期的な利益の追求から中長期的な企業価値の向上にシフトしたことで注目されるようになった。

根本には、企業がもつ能力、リソースは自社の収益の獲得だけでなく、社会全体の課題克服にも向けるべきだ、との考え方がある。ちなみにアタックスグループでは、「強くて愛される会社を一社でも多く世に生み出す」というパーパスを掲げている。

事業承継による新体制発足のタイミングに合わせ、経営理念の見直しとともにパーパスの制定を検討するのもよいだろう。

ビジョンを策定する

社長は経営理念を実現するために会社の将来（3～5年先）のあるべき姿を具体的に描き、あるべき姿を実現するための基本方針を社員に提示しなければならない。これがビジョンである。

理想を言えば、ビジョンは社員全員の共感を得て達成意欲を促す挑戦的なものでなければならない。

わかりやすく言い換えれば、ビジョンとは、「こんなビジョンなら自分たちも積極的にかかわって実現したい。仕事をするのが楽しい」と社員から思われるものでなければならない。

事業承継のプロセスにおいても、あなたと後継者がビジョンを共有することはきわめて重要だ。後継者がビジョンを描けないような事業を承継することは、本人と社員を不幸にしてしまうからだ。

優れたビジョンの条件

社員一人ひとりに、その実現に向けて自分もがんばりたいと思わせる優れたビジョンであるためには、次のようなことを考慮しなければならない。

①具体的でわかりやすい

自社ブランド製品を製造・販売するG社では、「チャレンジ８１３」を今後３年間のビジョンとして掲げた。業界では大小20社程度がしのぎをけずっており、とくに新製品の開発競争は熾烈(しれつ)だ。G社の社長は、業界でベスト３に入らなければ勝ち組になれないという危機感を抱き、社員に向かって、「今後３年で営業利益80億円、シェア10％、業界第３位を達成する」と宣言。「チャレンジ８１３」は発表と同時にすべての社員が理解した。

このように数字で簡潔に表すと、具体的なビジョン（数値目標）となる。

②挑戦的な内容である

数値目標と達成のための基本方針が明示されており、社員が慣れ親しんでいる日常業務よりも挑戦的な内容でなければならない。スポーツや音楽の世界でも多少背伸びした目標を立てなければ練習に熱が入らないし、結果も出せない。その意味でも、G社の「チャレンジ８１３」は挑戦的なビジョンになっている。

③ステークホルダーから支持される

いかに挑戦的なビジョンを掲げても、その実現が顧客や取引先、地域社会といったステークホルダーに価値をもたらすものでなくては意味がない。その価値をステークホルダーに訴えて、支持と協力を取りつけたい。

④実現性が高い

実現性の低いビジョンは絵に描いた餅だ。ビジョンを策定するプロセスで、外部環境（市場、競争、技術）と自社の強み・弱みが合理的に分析されていることが必要だ。あまりに実現性が低いビジョンでは、社員の挑戦意欲を引き出すことは難しい。

4 経営幹部の人事を決める

登用基準を決める

社長の仕事のなかで、なかなか権限委譲ができないのが経営幹部の人事である。社内で相談できる人も限られており、社長がいちばん頭を悩ます課題のひとつだ。

とくに事業承継においては、古参幹部の処遇から後継者の右腕となる幹部の選任・育成など、経営幹部の人事に関する課題が山積している。

経営幹部の人事に関しては、いまでも社長の独断と偏見で決めている会社が少なくない。多くの社長が「経営幹部は客観的な数字や行動結果だけでは評価できない。私が総合的に判断して決める」と考えているのではないだろうか。

しかし、社員の評価は成果主義で厳格に行いながら、経営幹部の評価は「お手盛り」では、社員が真に納得することはない。経営幹部についても「登用基準」「評価基準」

「報酬基準」といった人事ルールを決めて、不適切な人が経営幹部に加わることを防止すべきだ。少なくとも「登用基準」は明文化しておきたい。

昔から「名プレーヤー、名監督にあらず」と言われる。たしかに、成果を上げている人が必ずしも良い経営幹部になるとは限らない。異質の能力が求められるからだ。ただ、成果を上げていない人には誰もついてこないし、成果を上げられない経営幹部の言うことには、残念ながら誰も耳を傾けない。

そう考えると、成果を上げる力は、経営幹部への登用条件というより、前提と考えるべきだろう。つまり、成果を出していることを前提として、マネジメントやリーダーシップに関するプラスアルファの基準が必要だということになる。

それは何だろうか。

そもそも経営幹部は社長と一体となって経営に携わる人物であるから、この基準は社長に求められるものと同じでなければならない。

問題幹部、古参社員の処遇をどう考えるか

経営をバトンタッチするにあたって、後継者にとって人事上の大きな悩みのタネとなるのが、問題幹部、古参社員の処遇である。

問題幹部という言葉はあまり適切ではないが、長年にわたり社長を支えてきた古参の幹部で、「私にはついてきてくれたが、後継者が使っていくのは難しいだろう。むしろ弊害になる」と思われる経営幹部・役員が存在するケースがけっこう多い。

弊害になりかねない理由としては、後継者と価値観や考え方が大きく違う、性格面でそりが合わない、社長と姻戚関係にあって後継者と年齢が近く対立しやすい、といったことが挙げられる。こういう人物の処遇は、後継者に経営をバトンタッチするまでに考えておくべきだ。

解決策としては、子会社、関連会社がある場合は、処遇面でそれなりの配慮をしたうえで転籍してもらうのがよい。転籍先がない場合は、本人の希望に添える再就職先を紹介し、退職金を積み増したうえで辞めてもらうしかない。

次に手を打つべきなのが古参社員の処遇だ。

長年働いてくれた社員にはどうしても温情をかけがちだ。創業時から勤続している社員なら、家族の一員のごとく遇してきただろう。彼らも社長の人情に甘えており、実力以上の給与をもらいながらそれを自覚していない人もいる。

戦後の高度成長期で会社がどんどん成長していた時代であれば、古参社員に対しては功労の意味から給与を下げず、定年も延長するという温情も許された。しかし、現在のような低成長、競争激化の時代になると難しい。

しかもやっかいなことに、彼らは事あるごとに新社長と先代を比較する。そして「先代だったらこんなことはしない」と周りに吹聴する。そうなると後継者は、「旧社長派」と「新社長派」の対立にも対処しなければならなくなる。

これは一種の社内老害だ。さらに、そういった古参社員はほかの社員との間で軋轢を生むことも多い。

そこで、社長の責任において、長年温情をかけて扱ってきた古参社員の処遇をあらかじめ決めておかねばならない。

第一の選択肢は、冷たいようだが退職してもらうことだ。ただし、退職金や再就職先などで十分に配慮することを忘れてはならない。退職が難しければ、本人の働きや能力に見合った給与・待遇に下げる。

これを現社長が処理せずに放置し、後継社長にやらせるようではいけない。後継社長にとっては大変なストレスになるし、社員に良い印象を与えないので人心掌握、人望にも悪影響が出るからだ。

組織の若返りを進め、社内ブレーンを整える

最後に、組織の活性化のための役職の見直しについてふれておこう。

従来の役職は、一度その役位に就いたらよほどのことがない限り下がることはなかった。そのため役職が既得権益となり、年功や温情で役職に就いた古参社員がいつまでも安閑としていられた。それが組織の硬直化、タコツボ化を招いていたことは否めない。

しかし会社の規模が大きくなったり、経営体制が変わったりすれば、役職者に求められる期待レベルも変わる。当然、その期待に応えられない経営幹部も出てくる。と

なると役職が既得権である状態を放置すれば、適材適所ができないことになる。
そこで、役職を既得権益にさせないルールとして、役職定年制と役職任期制が必要になる。

①役職定年制
ある一定の年齢になると自動的に役職を解く制度

②役職任期制
役職を任期制（たとえば2年）にして、任期満了時に毎回、再任するかしないかを判断する制度

一見、厳しい制度と思われがちだが、ある程度強制力のある制度でなければ経営幹部の若返りは進まない。

このような制度が従来からあれば、前述した問題の古参幹部や古参社員は生まれなかったかもしれない。古参幹部というのは、部下を辛抱強く育成して自分のもっているノウハウを伝授するどころか、肝心なことは教えない、過去のやり方に固執し、新しいやり方は真っ先に否定するなど、若くて優秀な人財の足を引っ張るケースのほうが圧倒的に多いのが現実だ。

お目付け役も少しは必要かもしれないが、たちの悪い抵抗勢力になってしまっては後継者はたまったものではない。

新社長を支える社内ブレーンを育成・登用するための仕組みを整えておくことは、事業承継に成功するための重要な条件であるにもかかわらず、見落とされがちなので注意してほしい。

第4章

自社株を後継者へ承継する

1　自社株承継の意味と目的

事業承継の3つの鉄則

事業承継で社長や後継者を悩ませる大きな問題のひとつが「自社株承継」だ。なぜ悩ましいかというと、自社株の承継には贈与税や相続税、場合によっては買取資金を手当てしなくてはならないからだ。その際には税に関する知識だけでなく、会社法や民法、税法や株価の知識も必要になる。

とはいえ、社長のイスを後継者に引き継ぐ際には、しかるべき時期に自社株を承継することが不可欠であり、相続をめぐる親族間のトラブルを避けながら、時間をかけて取り組むことになる。

そもそも事業承継については、3つの鉄則を踏まえて検討する必要がある。

１つめは、事業承継は社長という地位の承継を含めた「経営承継」と「自社株承継」の２つの承継からなるということだ。事業承継対策は事業を存続させるための対策であって、単なる株価対策と考えてはいけない。

本章で取り上げる自社株承継についても先延ばしにせず、平時からしっかり計画を立てて準備すべき問題なのだ。

ちなみにオーナー企業、いわゆるファミリービジネスの事業承継を検討する際には、

①経営（ビジネス）
②所有（オーナーシップ）
③家族（ファミリー）

という３つの視点、スリーサークルの視点で考えることが大切になる。

「経営」はビジネスの視点で、事業継続のためにどのように経営を安定させるかを考える。たとえば後継者選びでは、経営者としての資質があるかという視点で考えなくてはならないし、経営理念の承継も大切である。

「所有」はオーナーシップの視点。安定した経営を行うために株主構成をどうすべきか、後継者にすべての自社株をもたせてよいのかということを考えていく。

「家族」はファミリーの視点で、後継者以外の親族を経営や自社株の所有にかかわらせるのかということを考える。

鉄則の2つめは、株主構成の「あるべき姿」を描くことだ。事業の永続のために安定した会社経営を行うには、株主と株式のシェアを検討する必要がある。通常は、後継者に自社株を集約させることが望ましい。

いつ、どのような方法で「あるべき姿」にしていくのかを具体的に検討し、無理がある場合には「あるべき姿」を見直す必要がある。

鉄則の3つめは、財産に関する対策は相互に関連しあい、またその対策は、10社あれば10通りあるということだ。

財産に関する対策には、「相続対策」「自社株対策」「財産対策」があるが、このうち「相続対策」と「自社株対策」について見てみよう。

まず「相続対策」は、相続税を支払えるのかという「納税資金対策」、相続人の間でもめることなく財産を分けられるのかという「遺産分割対策」、そして税金を減らせる

「経営」「所有」「家族」の３つの視点で検討する

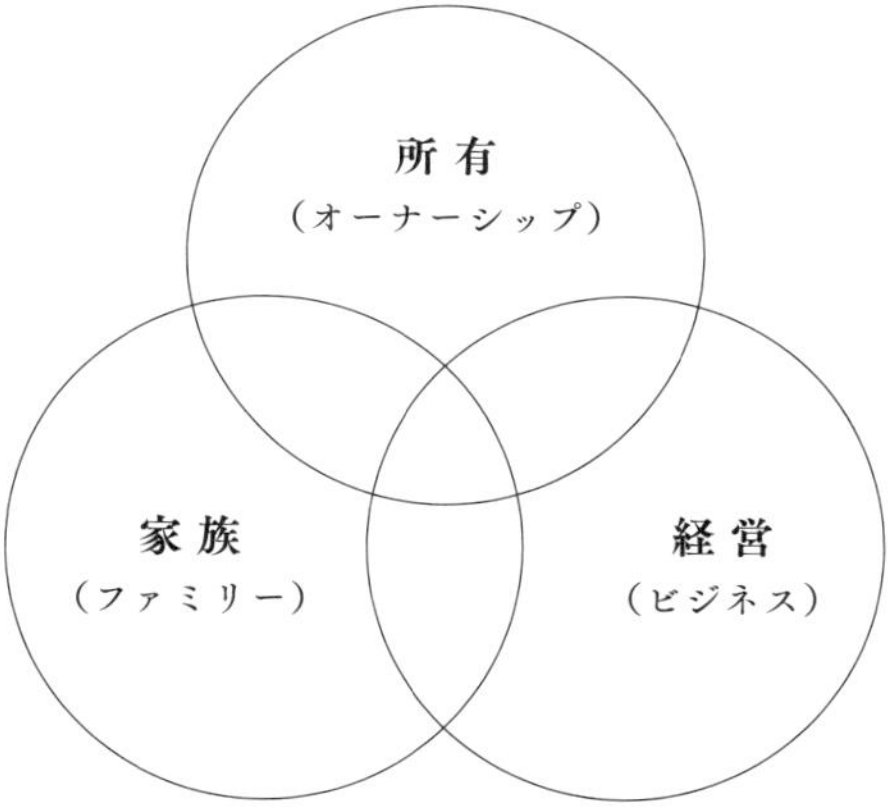

・「経営」はビジネスの視点。事業永続のために、安定した経営をしなければならない。たとえば後継者選びでは「経営者としての資質」という視点で考える。

・「所有」はオーナーシップの視点。
「安定した経営を行うための株主構成をどうするか？」

「後継者にすべての株式をもたせるべきか？」

「牽制機能は用意しておくべきか？」

を考える。

・「家族」はファミリーの視点。後継者以外の親族を経営や株式の所有にかかわらせるのかを考える。

のかという「財産圧縮対策」に分けられる。この3つの対策は相互に関連しあっているので、別々に対策を考えることは避けるべきだ。

たとえば相続税は相続人が個々に納付するので、どのように現金を分けるのかという「遺産分割対策」と「納税資金対策」は関連することになる。また、誰にどの財産を相続させるかによって相続税を抑えることができるため、「遺産分割対策」と「財産圧縮対策」は関連することになる。

たとえば、配偶者は法定相続分、通常は相続財産の半分までは相続税がかからないし、配偶者が自宅を相続した場合、土地の評価は8割減にできる。また、後継者が自社株を相続した場合には納税を猶予することができる。

相続税を抑えられれば、その結果、納税資金を減らすことができる。このように3つの対策は互いに関連しあうことになる。

次に「自社株対策」だが、これには「シェア対策」と「株価対策」があり、オーナー家にとっては通常、自社株の評価は多額となるため、「株価対策」は相続対策における「財産圧縮対策」のひとつになる。

相続対策、自社株対策、財産対策の関係

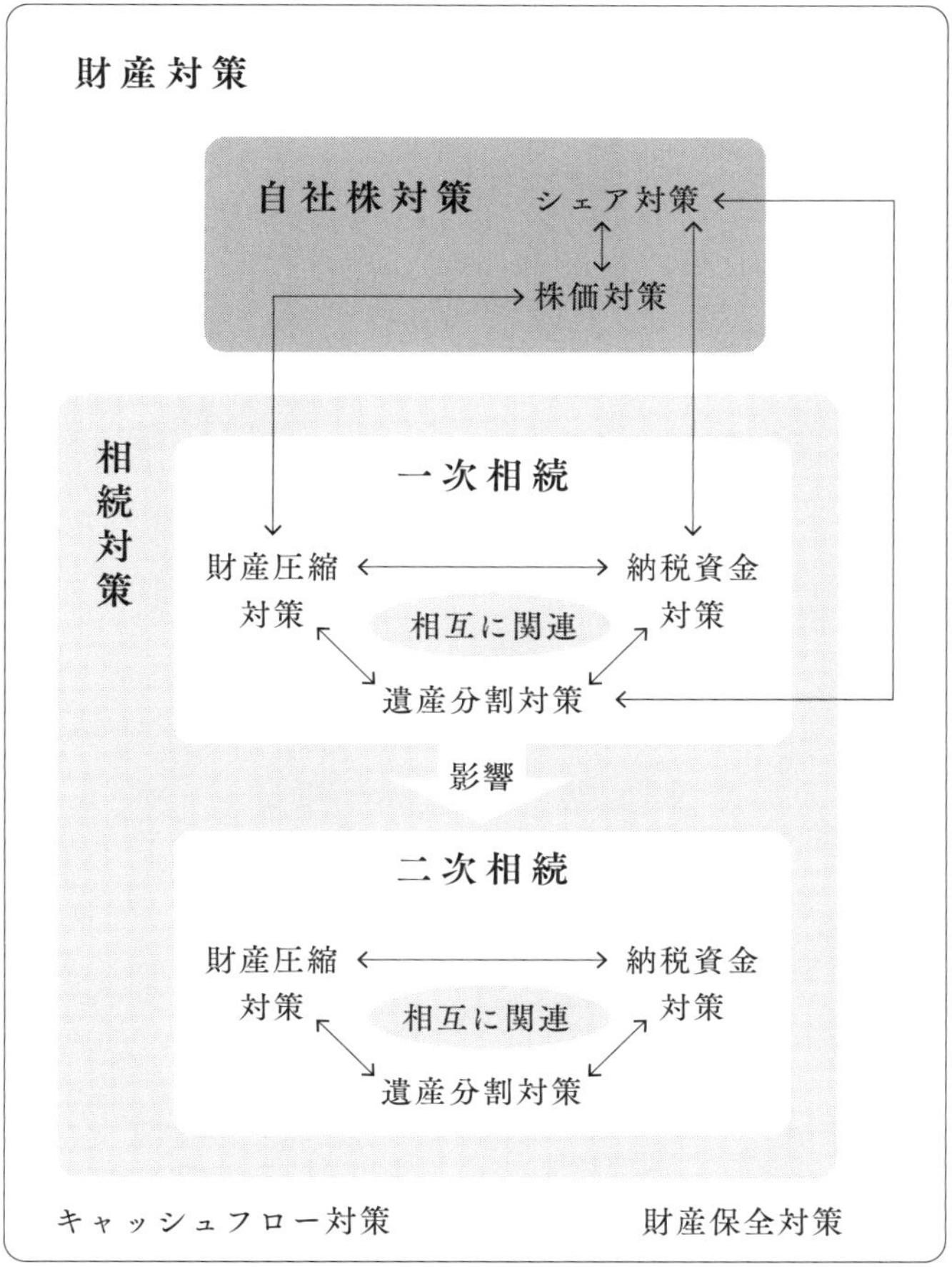

なお、後継者のシェアを上げるために自社株を集約することを考えると、当然株価が低いほうが集めやすいので「株価対策」と「シェア対策」は関連することになる。後継者の納税資金が足りずに自社株を現金に換えることを想定すると、「シェア対策」と「納税資金対策」は関連することになる。

さらに、できるだけ多くの自社株を後継者に渡せるように遺言書を作成したり、生前贈与をしたりするので、「遺産分割対策」と「シェア対策」は関連することになる。このように財産に関する対策は互いに関連しあうため、影響を確認しながら進めていく必要がある。

事業承継の3つの鉄則を念頭に置きながら現状を認識し、現時点での問題、将来発生しそうな問題を把握して、その解決策を複数検討していくことが正しいアプローチになる。

自社株＝「経営権＋財産権」

会社の株をもつことは、「経営権」と「財産権」という2つの権利をもつことにほかならない。

経営権とは支配的な立場で経営に参画する権利であり、会社の最高意思決定機関である株主総会での議決権がその代表格になる。後継社長が安定的な経営を行うには、一定割合以上の議決権を取得しなくてはならない。

一方、財産権とは経済的な利益を目的とする権利で、配当金を受け取ったり、売却して金銭を得たりする権利である。

自社株承継とはこの2つの権利を承継することであり、それぞれの権利の内容をしっかり理解する必要がある。

経営権をめぐる株主の権利

①議決権

会社法では経営上の重要事項は株主総会で決定されることになっているが、その決議に参画できる権利が議決権だ。

株主総会の決議は、決議の内容によってその要件が異なる。

・**普通決議**――株主総会に出席した株主の議決権の過半数の賛成で決議すること。取締役の選任・解任や剰余金の配当などは普通決議による。

・特別決議――株主総会に出席した株主の議決権の3分の2以上の賛成で決議すること。定款の変更や合併、会社分割などは特別決議による。

議決権は株主がもつ最も代表的な権利であり、後継者が確保しておかなければ経営上の大きなリスクになるため、少なくとも議決権の過半数を取得することが望ましい。また、事業売却や会社の合併・解散などの重要議題を決定するには特別決議として、議決権の3分の2以上の賛成が必要である。したがって、3分の2以上の議決権を取得すれば、ほぼ経営権に問題はないということになる。

ちなみに、これを反対側の立場から考えると、誰かが3分の1を超える自社株を取得すれば、自由に合併などの組織再編ができないという意味での拒否権が生まれる。

②少数株主の権利

オーナー型の中堅・中小企業といえども、株式の数パーセントしかもたない少数株主はいる。会社法上、こうした少数株主にも次のような権利が認められているので、経営者はよく理解しておく必要がある。

・**帳簿閲覧権**――文字どおり、会社の会計帳簿などの閲覧を請求できる権利のことで

経営権をめぐる株主の権利

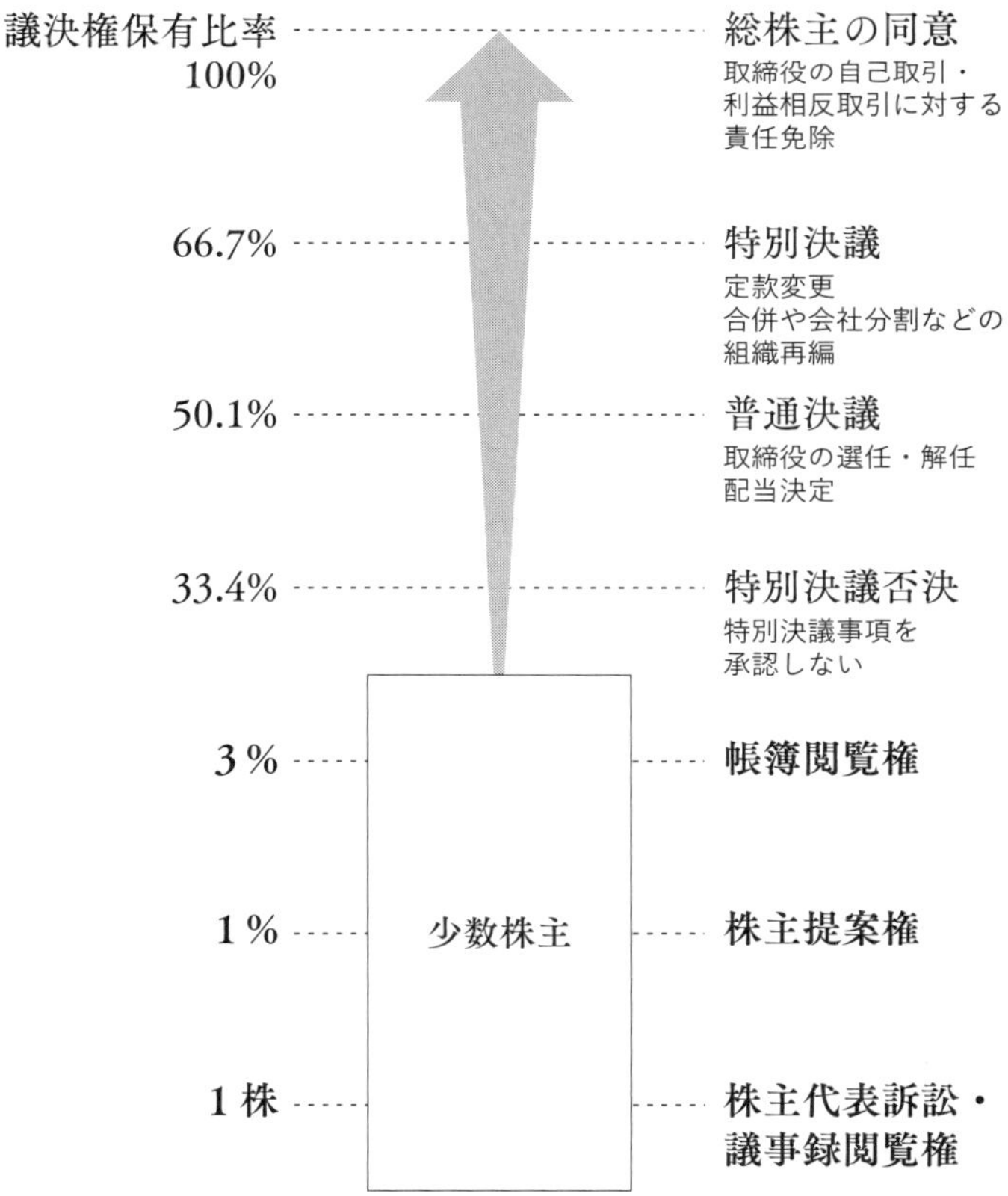

議決権または発行済株式総数の3％以上を所有する株主が対象となる。

株主が同業者などで、開示することが経営上望ましくない場合を除き、会社は拒否できない。仮に実害がないとしても、会計帳簿などの細かなことまで調べられるのは、オーナー社長にとって気持ちのいいことではないだろう。

・株主提案権——議決権の1％以上または300個以上の議決権（通常は1株に1個）を所有する株主が、株主総会において議題を提出できる権利のこと。会社にとって有益な提案がなされる場合もあるが、必ずしもそればかりではないので、株主の動向には日頃から注意を払う必要がある。

・株主代表訴訟——会社に損害を与えた取締役に対して、株主が会社に代わって賠償を求める訴訟を起こすことができる権利。1株株主でもこの権利を行使できる。非上場のオーナー会社でも株主代表訴訟のリスクはつねにある。したがって、社長は積極的な情報開示とコンプライアンス経営を心掛けなければならない。

財産権をめぐる株主の権利

経営権に興味のない少数株主は財産権を主張してくることもあるため、オーナー家としても理解しておきたい。

・**利益配当請求権**――会社の利益分配である配当金を受け取ることができる権利。ただし、利益が出ていない場合や、利益があっても経営判断で内部留保にする場合など、配当を行わない（無配とする）こともある。必ずしも株主に配当を出さなくても問題はないが、配当目的の株主が多い会社や、昨今の株主還元重視の考え方から、中堅・中小企業の社長もこの権利をある程度は意識する流れになっている。

・**株式買取請求権**――株式の譲渡制限規定を定款に定める決議や合併、事業譲渡などの決議に反対する株主は、会社に対しその決議が行われる株主総会の開催前に反対の意思を通知し、かつ株主総会でも反対すれば、会社に対して自分が所有する株式を公正な価格で買い取るように請求することができる。

・**残余財産分配請求権**――会社が解散清算する場合に、債務を返済してもなお財産が残るときは、株主はその持株数に応じて残った財産の分配を受けられる。もちろん、債務のほうが大きければ株主分配はない。

2 後継者に「経営権」を集中させる

議決権の確保を最優先に考える

会社経営の安定性を確保するには、最高意思決定機関である株主総会において議決権の3分の2以上、少なくとも議決権の過半数を取得することが望ましい。したがって自社株承継をめぐるトラブルを防ぐための大原則は、次の2つになる。

・後継者にできるだけ自社株を移転して経営権を集中させる。
・種類株を活用して経営権と財産権を分離し、経営に関与しない株主には議決権をもたせない。

とはいえ、歴史の古い会社では自社株が分散していることが多く、社長一人ですべての株を保有することは不可能だ。後継者にも同じことがいえる。

そこで、次善の策として安定株主を増やすことが必要になる。

安定株主とは、自社株をもっている社長の家族や一族、会社の役員・社員、親密な付き合いのある取引先、メインバンクなどのうち、会社経営の方針等で社長や後継者の考えに同意してもらえる株主のことだ。

この安定株主構成を実現するためには、事業承継計画のなかでしっかりと資本政策を練り、時間をかけて増やしていくようにする。

自社株承継でもうひとつ課題になるのは、親族間の争いを防ぐことだ。たとえ親族株主でも、現社長がリタイアした後、経営方針で後継者と意見が衝突する可能性が出てこないとも限らない。複数名の親族、一族が入社している会社には、血のつながりという論理を超えた甘えの感情が生まれてしまうため、争いのタネは山のようにあるからだ。

他人であれば、優れた後継者が会社を経営していくことに誰も疑問を抱かない。たとえ納得できない部分があっても、それなりにあきらめるものだ。

ところが一族となると、血が濃ければ濃いほど納得できなかったりする。ましてや、これまで経営の責任を負ったことのない親族からすると、経営者の苦労がまったくわからないため、社長の立場を利権ととらえてやっかむことすらある。

そこで、自社株の経営権部分に着目し、普通株のみを発行するならその大半を、後述する種類株を活用するなら議決権のある株の大半を後継者に引き継ぐことが、いちばん無難な方法になる。


ところで、取締役会等の承認なしには自社株を売買できない非公開会社であっても、相続や合併などが起きれば、会社の承諾を得ずに株を所有できるようになる。場合によっては、会社にとって好ましくない人物が株主になる危険性もある。相続が何度も続けば、株主の多くが後継者と関係の薄い親族になることさえ考えられる。

これを回避する方法のひとつが、「相続人等に対する売り渡し請求」を定款に定めることだ。これは、相続その他の一般承継により自社株を取得した者に対し、その株式を会社に売り渡すことを請求できるようにする規定で、長い時間がかかるものの株主を整理し、後継者へ経営権を集中させることができる。

なお、検討に際しては、専門家に相談することをおすすめする。

種類株を使って経営権を確保する

内容の異なる株式を「種類株」というが、これをうまく活用すれば経営権を確保しながら自社株承継をスムーズに行える。

有効な種類株とその活用方法を次に紹介するが、事前に種類株の内容を定款で定め、株主総会の特別決議で定款変更を行う必要がある。また、既存株式の一部を種類株式に変更する場合はすべての株主の同意が必要になる。

①議決権のない無議決権株

株主総会における議決権の一部あるいは全部を制限することができるため、たとえば、後継者には議決権のある普通株を、後継者以外には議決権のない無議決権株を相続させることにより、後継者以外の人物による会社経営への無用な介入を防止し、後継者の安定的な経営を確保できる。

②金銭的恩恵を与える配当優先株

配当を普通株より優先させる株式。たとえば、これを無議決権株と組み合わせることで、会社経営には参画しないが一定の金銭的恩恵は受けたいという親族株主に対し、無議決権株を相続させることへの合意が得やすくなる。

③株主総会決議を拒否できる黄金株

株主総会の決議事項に拒否権をもつ株式。たとえば、後継者が黄金株を相続することにより、役員選解任、会社の合併や解散、定款変更などを拒否することができる。

「遺言」で後継者に確実に承継する

遺言も自社株を確実に後継者に承継する有効な手段になる。

遺言がない場合は、現社長に万が一のことがあれば相続人が集まり、自社株を含めたすべての財産と債務を誰がどう引き継ぐかを協議することになる（遺産分割協議）。

遺産分割協議で後継者が自社株すべてを承継するという結論になればよいが、相続人の間でもめたり、経営のことを考慮せずに分割したりして、自社株が分散してしまうおそれがある。また、事業と関係のない親族が大きな株数をもつような状況は、会社にとって好ましいことではない。会社の経営に口をはさまれたり、何かの際に高額での株式の買い取りを迫られたりするリスクがあるからだ。

したがって、遺言を活用して遺産分割についてあらかじめ決めておき、株式分散のリスクを回避しておく必要がある。

現在の財産状況を把握し対策を講じる

もうひとつ重要なことがある。

後継者に経営権をしっかり承継しようと、社長であるあなたがまだ元気なうちから、ここまで述べてきたいろいろな手法を駆使して後継者に自社株を移動させるとする。

その際には、いま、あなたに万が一のことが起きたら、どのような財産があり、その相続にどれだけ税金がかかるかなど、あらかじめしっかり把握しておかなければならない。そのうえで計画的に進めなければ、対策は失敗する可能性が高い。先述したように、財産対策は関連しあっているため、網羅的に検討しなければならないからだ。

自社株承継には最低でも5年から10年の歳月がかかる。なるべく早めに着手すべきだろう。

3 自社株承継に必要な基礎知識

自社株の評価はどのように決まるのか

財産権を中心に自社株承継を考える際には、自社株の評価方法を理解し、評価額を把握することが重要になる。業績の良い会社であればあるほど、自社株の評価額（相続税評価額）が数億円から数十億円、あるいはそれ以上の高額になる可能性があるからだ。

非上場会社の株式には市場価格がないため、株式評価に関する税法上の決まりに従って株価を算出することになるが、その株式を取得する者が後継者をはじめオーナー一族の場合は、原則的評価方式である「純資産方式」あるいは「類似業種比準方式」、またはその折衷方式が適用される。

一方、取得者が社員株主など少数株主の場合は、例外的評価方式である「配当還元方式」という、価額が低く算出される評価方法が適用される。

自社株承継の場合は、通常、社長から後継者に自社株を贈与したり、場合によっては、後継者が社長から自社株を買い取ったりするが、そのときは原則的評価方式による価額が基準になる。

①純資産方式

純資産方式では、その会社の資産、負債を相続税評価額というモノサシで評価しなおしたうえで、資産と負債の差額である純資産額を発行済株式総数で割って１株当たりの株価を計算する。

ただし、ここでいう純資産額は資産の含み益に対してかかる法人税等相当額37％を控除したものになる。

②類似業種比準方式

類似業種比準方式では、１株当たりの配当、利益、純資産という３つの要素について、その会社と類似の業種を営む上場会社の平均値と比較して比準値（倍率）を求め、これにその類似の上場会社の平均株価を乗じて株価を計算する。
この場合、非上場会社の特殊性を考慮し、会社の規模に応じて30～50％のディスカウントがある。

評価方式に関してポイントとなるのは以下の3点。

・一般的に評価額は、純資産方式のほうが類似業種比準方式より高くなることが多い。
・純資産方式は、「過去の利益の蓄積」が大きい会社や「大きな含み益」を抱える資産をもつ会社は高くなる。
・類似業種比準方式は、「最近の業績が良い」会社や、株主へ「高額配当している」会社は高くなる。

そして、税法の会社規模区分に応じて、「純資産方式」「類似業種比準方式」による価額、あるいは「この2つの方式の折衷による価額」のいずれになるかが決まり、折衷の場合の割合も決まる。

この割合は、会社規模が大きいほど類似業種比準方式のウエイトが高くなり、逆に、会社規模が小さい会社ほど純資産方式のウエイトが高くなる。

会社規模区分による評価方式（原則的評価方式）

<table>
<tr><th colspan="3">会社区分</th><th colspan="2">評価方法</th></tr>
<tr><td rowspan="5">下記以外の会社</td><td colspan="2">大会社</td><td>・類似業種比準価額
・純資産価額</td><td>いずれか低い価額</td></tr>
<tr><td rowspan="3">中会社</td><td>大</td><td>・類似業種比準価額× 0.90 ＋純資産価額× 0.10
・純資産価額</td><td>いずれか低い価額</td></tr>
<tr><td>中</td><td>・類似業種比準価額× 0.75 ＋純資産価額× 0.25
・純資産価額</td><td>いずれか低い価額</td></tr>
<tr><td>小</td><td>・類似業種比準価額× 0.60 ＋純資産価額× 0.40
・純資産価額</td><td>いずれか低い価額</td></tr>
<tr><td colspan="2">小会社</td><td>・類似業種比準価額× 0.50 ＋純資産価額× 0.50
・純資産価額</td><td>いずれか低い価額</td></tr>
<tr><td colspan="3">土地保有
特定会社</td><td colspan="2" rowspan="5">・純資産価額</td></tr>
<tr><td colspan="3">株式保有
特定会社</td></tr>
<tr><td colspan="3">開業後３年未満</td></tr>
<tr><td colspan="3">開業前
または休業中</td></tr>
<tr><td colspan="3">直前２年間の配当・利益・純資産のうち、３つが０またはマイナス</td></tr>
<tr><td colspan="3">直前３年間（純資産は２年間）の配当・利益・純資産のうち２つが０またはマイナス</td><td>・類似業種比準価額× 0.25 ＋純資産価額× 0.75
・純資産価額</td><td>いずれか低い価額</td></tr>
<tr><td colspan="3">清算中の会社</td><td colspan="2">・清算の結果、分配を受けると見込まれる金額</td></tr>
</table>

また、土地保有特定会社（総資産に占める土地などの割合が一定以上の会社）、株式保有特定会社（総資産に占める株式などの割合が一定以上の会社）などは、特別な取り扱いがなされる。

こうした会社は、利益や配当といった動的要素よりも、現在の資産価値といった静的要素が極端に強いという理由から、純資産方式による価額、またはそれに近い価額で評価される。

社員など少数株主が株式を取得する際に適用される「配当還元方式」は、過去2年間の配当金額の平均を、利率が10％という仮定のもとで還元するもので、次の計算式になる。

・配当還元価額＝（1株当たりの配当金÷10％）×（1株当たりの資本金等の額÷50円）

自社株の評価、株価の算出は贈与税、相続税に関係してくるので、正確を期すためにも税理士等の専門家に頼んだほうがよい。

自社株承継に伴う相続税を減らす株価対策

後継者への自社株承継で大きな障害になるのが「高い株価」だ。とくに業績のよい会社は必然的に株価も高くなっていると予想される。相続税を納めることを考えると、後継者に自社株を渡す前に株価を引き下げたいと考えるのも当然だろう。

ただし、自社株の引き下げ対策が事業そのものに悪影響を及ぼしては元も子もない。その点に十分注意しながら、以下に掲げるような対策を検討することになる。

対策①　配当政策を見直す

類似業種比準方式の計算方法で確認したとおり、株主への配当金は株価決定要因のひとつだ。したがって、１株当たりの配当金が低くなれば、類似業種比準方式で計算した株価が下がることになる。

ここでの配当は基本的に普通配当が対象になるから、この配当率を抑えて創業記念配当金など特別配当を導入すれば、１株当たりの配当金の額は下がる。もちろん、配当政策の変更については株主の理解が必要になる。

対策② 短期・中長期の視点で利益・純資産を圧縮する

対策の２つめは利益・純資産の圧縮の検討だ。これは株主配当金の見直しほど簡単ではない。というのも利益を出し続ける長期的成長は会社の基本目的であり、それに反する施策では本末転倒になるからだ。そのことを踏まえて、短期的な視点と中長期的な視点から対策を考える必要がある。

短期的な視点での対策として代表的なものが、現社長の役員退職金の利用だ。現社長もいつかは必ず勇退の時期を迎え、そのときには功績に見合った退職金が用意されるはずだ。この退職金支給後のタイミングが自社株承継の絶好のチャンスになる。役員退職金は基本的に損金（税法上の費用）になるので、その支払い時には現金という資産が減少するとともに、その期の利益は大きく減少する。利益と純資産をともに減らす効果があるため、純資産方式による株価も類似業種比準方式による株価も下がることになる。

一方、中長期的な視点での対策で代表的なのが、高収益部門（事業）や成長が見込まれる新規事業を別会社化することだ。そうすれば今後の純資産への利益蓄積をある程度抑えられ、別会社に移転する効果も期待できる。分社化する方法としては、後継者中心の株主構成にした新会社への事業譲渡や、会社分割制度を活用した子会社化などがある。

これらの対策について、税務上の検証を十分に行ったうえで経営力を高める方向で実施すれば、大きな効果が期待できるだけでなく、その別会社を後継者に任せることで後継者育成や後継経営体制づくりの準備にもなる。

対策③　会社規模を変更する

会社規模を変更することで、自社の株価を引き下げる効果が出る場合もある。たとえば、グループ経営組織の再編や経営効率化の一環として２つの会社を合併するケースで、合併によって会社規模が中会社２社から大会社１社に変わる場合がそうだ。

一般的に純資産方式よりも類似業種比準方式による評価額のほうが低くなるが、会社規模が大会社になれば、類似業種比準方式のみで評価することができ、自社の株価を下げることが可能になる。

ただし合併によって一定期間、類似業種比準方式が使えない場合もあるので注意が必要だ。

対策④　第三者割当増資を利用する

株価引き下げ対策の最後は、増資により発行済株式総数を増やす方法だ。増資は株主割当増資ではなく、オーナー一族以外を引き受け先とする第三者割当増資にする。発行価額にもよるが、第三者に新株式を引き受けてもらうことで会社の発行済株式総数が増加し、1株当たりの利益などが引き下げられて、結果的に自社株の総額が下がることになる。

第三者割当増資の引き受け先としては社員持株会が考えられる。持株割合のバランスを考えたうえで社員に株式をもたせれば、安定株主対策になるとともに社員のモチベーションアップにつながる効果が期待できる。

自社株承継に伴う納税資金・承継資金を確保する

後継者が社長から自社株を引き継ぐにあたっては、ある程度の納税資金・承継資金を準備しなければならない。また、後継者以外の相続人も相続財産を引き継ぐ権利をもっているので、後継者に自社株を集中させるためには、ほかの相続人に対しては自社株の代わりになる財産を渡さなくてはならない。

しかし、会社に全財産を注ぎ込んできて、相続財産のほとんどが自社株で、ほかには自宅とわずかな預貯金しかないといったケースもある。そのうえ、非上場会社の自社株には換金性がないため、別の方法で納税資金・承継資金を準備しなければならない。

自社株承継を考える際には、こうした資金をどこでどのように確保するかということを織り込んでおかねばならない。

①退職金や生命保険金を活用する

後継者には自社株を、後継者以外の相続人には現預金を承継させることができるよう、相続財産のポートフォリオを組んでおく必要がある。

手段のひとつは、退職金や生命保険金の活用である。自社株を評価し、相続財産を把握し、各相続人の納税資金・承継資金のおおよその見当をつけ、それに見合うように退職金や生命保険金を準備することで、相続財産をめぐる「争続」の回避に役立てられる。

とくに、生命保険は受取人を指定できるので、社長が現預金を残したいと考える相続人を受取人にして生命保険金を取得させれば、相続人の間のバランスが保てるし、後継者を受取人にして納税資金を確保することもできる。

②金庫株を活用して自社株を換金する

金庫株とは、発行会社自身が保有する場合の「自社の株式」のことで、自己株式とも言われる。金庫株には、会社が株主から自社の株式を買い取ることで、株主は株式を第三者に売却することなく換金できるという利点がある。

金庫株を使って会社に自社株を売却した場合、その所得は配当所得になるため、売り主個人にはほかの所得と合算して高い所得税がかかるというデメリットがある。しかし、相続で承継した株式を一定期間内に金庫株として会社に売却した場合は、通常の株式譲渡と同様、ほかの所得と分離し、原則20%で税金を計算することができる。

したがって、その株式譲渡が大きな金額であっても、基本的には売却益の20%を納税すればすむ。また、相続により取得した株式を同期間内に譲渡した場合には、相続で納付した相続税の一部がその譲渡株式の取得費として取り扱われる特典もある。

こうした優遇措置があることから、後継者が自社株承継に伴って納税資金を準備しなければならない場合には、金庫株の活用を検討するケースも増えている。

贈与を使った自社株承継の相続税対策

①暦年贈与を活用する

暦年贈与は、１月１日から12月31日までの１年間における贈与額が１１０万円以下なら贈与税は発生せず、１１０万円を超えた場合には、10％〜55％の税率で贈与税を計算することになる。

相続税は相続が発生したときの財産に対する課税だが、贈与税は存命中に贈与した財産に対して課税するため、相続税の税率よりも低い税率が適用される範囲で時間をかけて贈与することで相続税対策となる。

②相続時精算課税制度を活用する

贈与した者に相続が発生すると、必ず相続税を課税し直すことになるが、相続時精算課税制度を利用すれば、贈与したときの評価額で相続税を計算するため、会社の業績が上がれば評価額も上がる自社株について、相続時精算課税により一律20％の税率でいまのうちに多くの自社株を後継者に贈与することは相続税対策となる。

社長への退職金を支払い、評価が下がった時点でこの贈与を実行すれば、さらに効果的である。

ただし、相続時精算課税贈与によるこの効果は、あくまで株価が上がることが前提であるため、相続発生時に予期せぬ業績悪化で株価が下がっている場合には逆効果になる。

なお相続時精算課税制度は贈与税申告時に選択しなくてはならず、一度選択すると、その贈与者による贈与について暦年課税制度は選択できなくなる。注意が必要だ。

③事業承継税制を活用する

事業承継税制は中小企業の事業承継を後押しするために設けられた、後継者が取得した自社株にかかる税の納付を猶予する制度であり、贈与税の納税猶予制度と相続税

贈与制度の比較

（2024 年１月１日以降）

項目	暦年課税制度	相続時精算課税制度
贈与者	とくに要件なし	60 歳以上の父母・祖父母
受贈者	とくに要件なし	18 歳以上の子、孫
基礎控除	110 万円（１年あたり）	110 万円（１年あたり）
特別控除	—	2,500 万円（累積）
税率	10％～ 55％の累進課税	20％の一定税率
相続財産への加算対象	相続開始前７年以内の贈与財産	相続時精算課税による贈与財産すべて
加算時の価額	贈与時の価額（基礎控除部分も加算対象）	贈与時の価額（基礎控除部分は加算対象外）
贈与税の還付	なし	あり
留意点	相続で財産を取得しない者への贈与は相続財産への加算対象外	一度選択すると、その贈与者による贈与について暦年課税制度は選択不可

の納税猶予制度の２種類がある。それぞれの概要を次に掲げる。

○贈与税の納税猶予制度

後継者が先代社長から自社株の贈与を受け、要件を満たす場合には、贈与前から後継者が保有していた議決権株式を含め、発行済議決権株式総数の３分の２に達するまでの部分について、贈与税の全額の納付が猶予される。そして猶予された贈与税は、先代社長が死亡した場合など一定事由が生じたときに免除されるが、相続税がかかることになるため、相続税の納税猶予制度に切り替えることを検討する必要がある。

○相続税の納税猶予制度

後継者が相続により自社株を取得し、要件を満たす場合には、後継者が相続前から保有していた議決権株式を含め、発行済議決権株式総数の３分の２に達するまでの部分について、課税価額の80％に対応する相続税の納付が猶予される。そして、猶予された相続税は、後継者が死亡した場合など一定事由が生じたときに免除される。

事業承継税制には、先代社長が満たすべき要件、後継者が満たすべき要件、会社が満たすべき要件がそれぞれ厳格に定められているうえに、制度の内容も複雑だ。また、免除のときまでにこの制度の適用を受けた自社株を譲渡するなど、一定事由に該当した場合には、猶予税額の全部または一部を利子税と合わせて納付しなければならない。

○納税猶予制度の特例措置

納税猶予制度について、平成30年４月１日から令和８年３月31日までに特例承継計画を提出し、平成30年１月１日から令和９年12月31日までに実際に承継を行う場合の特例措置が設けられた。その主なものは次のとおり。

・後継者が最大３名（議決権10％以上の代表者に限る）まで認められた。
・発行済議決権株式総数の３分の２までとされていたが、贈与や相続により取得した全株式が納税猶予の対象となる。
・経営承継期間内における常時使用従業員数の５年間平均値が、相続時・贈与時の常時使用従業員数の80％を下回っても、納税猶予の継続が可能になった。ただし、満たせない理由を記載した書類の提出が必要。

・相続税の納税猶予制度では対象株式にかかる相続税の80％相当が猶予対象とされていたが、特例措置では全額が猶予される。
・特例経営承継期間（5年）経過後に、納税猶予の取消事由（譲渡・合併・解散等）が発生した際に、経営環境の変化を示す一定の要件を満たす場合には、納付税額を再計算（減免）できることになった。

納税猶予制度は上手に活用できれば世代を超えた長期的な効果が見込めるが、その活用においてポイントとなるのは、先代社長の要件、後継者の要件、対象会社の要件などをクリアできるかという点だ。

特例措置によって納税猶予制度が抜本的に拡充され、活用のチャンスは大きく広がっている。とはいえ、猶予の取消事由に該当する組織再編や資本金などの減少への対応、複数の後継者に株式を承継する場合の株式分散リスクへの対策、後継者以外の相続人への配慮など、実際の適用にあたっては慎重な検討が必要になることに変わりない。したがって、利用に際しては専門家にアドバイスを求めることをすすめたい。

4 失敗事例に学ぶ自社株承継の要諦

自社株承継の難しさは、それに伴って発生する相続問題や納税資金問題が現社長、後継社長にとって悩みのタネになりかねないことにある。会社を安定的に成長させるために経営承継や自社株承継を確実に進める一方で、それらの問題に対応することは大きな負担だ。判断や対応を誤ると、会社経営にも悪影響が及びかねない。

失敗事例をいくつか挙げて正しい対処法を示すので、転ばぬ先の杖としてほしい。

遺産分割だけに目がいき、納税資金対策がおろそかになったケース

先代社長である父は、財産の分け方で家族がもめることのないように、会社を継いだ長男には自社株と工場敷地を、母には自宅と現預金を、次男には上場株を相続させ

るという遺言書を作成していた。

やがて先代が亡くなり相続が発生したときに、はじめて自社株の評価がとても高いことが判明した。母親は配偶者の税額軽減の特例によって相続税が発生せず、次男は上場株を売却して相続税の納税資金を準備できたが、長男は外部に売却できない自社株と工場敷地を相続したため、相続税を納付するだけの現金を用意することができず、借金を抱えることになってしまった。

ケースから学ぶ自社株承継のポイント

遺言書を作成する際には、自社株を含めどのような財産がどのくらいあり、相続税はいくらぐらいになるのかをまず把握しなくてはならない。

次に、その財産を誰に相続させたいのか、相続させるべきなのか、ほかの相続人ともめないようにするためにどのような手当てをするのか、相続人はそれぞれ相続税を払えるのか、払えるようにどのような手当てをするのか、といったことを検討する。

つまり、「納税資金」「遺産分割」「財産圧縮」のすべての視点での検討が必要になるのだが、先代は遺産分割以外の対策について検討していなかった。

遺産分割について家族間で合意できず、会社経営が不安定になったケース

創業者である父親が突然亡くなったが、遺言書はつくられておらず、家族の間で財産相続について事前に相談したこともなかった。

残された財産は評価額５億円の自社株と１億円の本社ビル、５０００万円の自宅と現預金２０００万円。会社を継いだ長男は経営安定化のために自社株と本社ビルを自分が相続すると主張したが、同じく相続人である母親と長女は「自社株、本社ビル」と「その他の財産」との圧倒的な金額の違いから長男の主張には納得しない。

財産の分割方法が決まらないため、自社株の承継は宙に浮いたままだ。父親名義の株式の議決権行使には相続人全員の同意が必要となるが、相続でもめているためその同意が得られず、会社の経営は不安定な状態になってしまった。

ケースから学ぶ自社株承継のポイント

相続に関する対策は、相続対象になる財産の種類と価値がどのくらいで、誰にどのように相続させ、それぞれの相続税はいくらかかるのか、を把握するところから始める。財産の分け方でもめることが想定されるようであれば、遺言書の作成を検討すべきだ。

安定した会社経営を維持するために、会社に関係する財産、たとえば自社株や会社が使用している不動産、会社に対する貸付金などは後継者が取得することが望ましいが、これらすべてを後継者が取得するとほかの相続人と金額的な差が生じる。もめることが想定される場合には、遺留分相当に見合う財産を別途用意することを検討しなくてはならない。

先代の考えた自社株シェアが仇となったケース

先代は自社株について、後継者として社長に就任した長男だけでなく、入社まもなく取締役となった次男にもほぼ同じくらい相続させるという遺言書をつくっていた。兄弟で力を合わせて会社を盛り立てていってほしい、というのが先代の願いだった。

ところが先代が亡くなった後、次男は会社の株主という立場を後ろ盾にして、兄である社長にたびたび反発するようになった。報酬など自身の処遇を見直せという要求も繰り返して社長との関係が悪化し、会社の経営が不安定になってしまった。

ケースから学ぶ自社株承継のポイント

自社株には財産としての価値だけでなく、安定した会社経営をするための権利、経営権としての価値もある。

後継者である長男がこの経営権を確保するためにシェアをどのくらいもつべきか、そのシェアを確保するためにどのように自社株を承継するとよいかをまず検討する。そのうえで、財産分けという視点で弟との調整を検討していれば、兄弟関係の崩壊は防げただろう。

兄弟平等にと考える場合は「財産上の平等」ととらえ、自社株の代わりのものを次男に残す、あるいは事前に自社株を換金しておく、といった方法を検討する。

先代の思いが裏目に出たケース

先代は長男に社長を継がせるにあたって、自分の代からともに苦労し、信頼している専務と常務に、「息子をよろしく頼む」との思いを込めて、自分が所有している自社株の一部を低額で譲渡した。

先代が亡くなった後、専務も常務も期待どおりに社長を支えてくれていたが、専務が突然の事故で亡くなってしまった。

専務が所有していた自社株を買い戻そうと、相続人である専務の夫人と子息に譲渡時と同じ金額を提示したが、会社の財産状況や業績を知っている2人は納得せず、はるかに高い金額を要求してきたため交渉は決裂してしまった。

ケースから学ぶ自社株承継のポイント

経営参画意識をもたせるために、また、配当によるインセンティブを与えるために役員や従業員に自社株をもたせることはよくある。

個人名義で自社株を所有させる場合は、退職時に買い戻しておかないと、会社とは直接的な関係がなくなった退職者が株式をもつことになり、株式が分散して経営が不安定になるリスクや、高額での買い取りを要求されるリスクが生じてしまう。

また、退職者が亡くなると自社株はその相続人が所有することになるので、会社との関係はさらに希薄化し、リスクがより高まるおそれがある。

こうしたリスクを回避するには、役員持株会や従業員持株会を設立し、個人名義ではなく持株会を通じて自社株を所有してもらうことを検討する。

＊　＊　＊

以上の失敗事例からもわかるように、現在の株主構成や社長の財産状況から考えて、自社株承継を行ううえでどのような問題があるのかを把握することから始めなくてはならない。その際、顕在化している問題だけでなく潜在的な問題、現在だけではなく将来発生しそうな問題についても把握し、検討する必要がある。

さらに、把握した問題の解決策を実行することで別の新たな問題が発生しないか、発生する場合にはその対策案はあるのかということも検討し、そのうえでそもそもの解決策を実行するべきかを決めることになる。

広く、深く検討し、社長、オーナー家、会社に合った問題解決策を実行することが重要なのだ。

第5章

MBO、M&Aによる事業承継を選択する

1 親族外承継のリスクを整理する

親族外承継には2つのパターンがある

本来は親族内で事業承継をしたいが、残念ながら適任者がいないということもある。その場合には、社内外から後継者候補を選定して承継することを考えなくてはならない。社内の後継者としては、長く働いている番頭格の役員や優秀な若手役員・社員などが考えられ、社外の後継者としては取引先や銀行からの人財の招へいなどが考えられる。

社内外の後継者への事業承継には、次の2つのパターンがある。

①経営承継のみのパターン

現社長の家族・一族が株主として引き続き残り、事業の経営を優秀な後継者に一任するパターン。将来は一族内に社長の地位を戻したいが、現社長の年齢や体調面の理由から一時的に社長を誰かに任せる場合などにこの方法がとられる（↓35ページ②③のケース）。

②経営承継だけでなく自社株も承継するパターン

経営承継だけでなく自社株も承継するが、後継者の経営権に支障がない程度にオーナー一族の株主が残る場合もある。いずれにせよ、後継者が自社株の取得資金を捻出することは容易でないため、ファンドなどの外部資金を活用したＭＢＯで行われることが多い（↓35ページ④⑤のケース）。

親族外承継の３つの検討ポイント

基本的な注意点は親族内承継と変わらないが、とくに親族外承継において検討すべきポイントとして、次のことが挙げられる。

①後継者育成の方法を検討する

社内の役員・社員に承継する場合でも、外部から招へいする場合でも、後継者育成の期間がある程度は必要だ。後継者と打ち合わせを行い、育成の方法や内容を決める必要がある。

②ステークホルダーに理解してもらえるか検討する

親族内承継と比べ、親族外承継の場合はステークホルダーの理解を得るのに多くの時間を要することがある。何かあったときに現社長のバックアップを期待できる親族内承継とは異なり、親族外後継者には取引先や銀行も最初は慎重な姿勢で対応するからだ。

また、当面のリリーフ社長として社内の役員または社員が一時的に事業承継するときは、本命後継者との承継時期などについてしっかり意思の疎通を図ったうえで、ステークホルダーに説明するとよい。

③自社株の承継について検討する

親族外後継者に自社株を譲る際には後継者の資金的な問題が出てくる。とくに、後継者の経営権を考えて相当な株数を譲渡する場合には、後継者が自社株を取得する資金の調達方法を十分に検討する必要がある。

事業経営だけ親族外にした場合にはこんなリスクがある

自社株をオーナー一族で保持したまま事業経営だけを親族外の誰かに承継する場合は、その人の経営者としての適性をいかに見抜くか、承継後の経営内容をいかに監視するかが大きな課題となる。これがいわゆる資本（所有）と経営の分離である。

現経営者が健在のうちはよいが、亡くなったりして経営のわかる人が一族にいなくなったときに、誰も経営の実態をつかめなくなるおそれがある。株主の経営監視機能が働かなくなると、経営状態が悪化しても、不正が行われたりしてもわからない。会社の業績がガタガタになったら、いったい誰が、どのように対処するのだろうか。

また、事業の中身についてまったくわからないオーナー一族がお飾りの会長などにまつりあげられ、保証や担保の提供を求められても困るだろう。後継社長たちが経営に失敗すれば、全責任を負わされかねないからだ。

それらとは真逆のリスクとして、事業のことがわからないオーナー一族の間に現経営陣に対する不信感が芽生えると、法外な配当を支払えとか、個人名義の事業用不動産を高く借りろなどと、無理難題を後継社長たちに突きつけてくる可能性もある。そのとき、後継社長はどのように対処できるのだろうか。

そうしたリスクを考えると、自社株をオーナー一族に残したまま経営承継を行うという選択には、後々いろいろな問題が出てくると考えざるを得ない。両者の間にトラブルが発生する可能性が高いのだ。

本当に信頼できる人物にワンポイント・リリーフを依頼する場合以外は、思い切って役員や社員、あるいは第三者に会社の所有権を譲ることを考えたほうがよい。

2 MBOによる事業承継

MBOの基本スキーム

親族外承継にかかる資金的な問題を解決する手段として、経営権の移動を伴うM&A（広義の意味でのM&Aと定義する）の一形態であるMBOを活用する例が増えている。

これは、親族外後継者の自社株買い取り資金について、投資ファンドや銀行などのサポートを得る手法だ。このMBOスキームは、現役員が既存事業を遂行するという意味で、既存の社員・役員の雇用が守られるケースが多い。

①外部スポンサー主導のMBO

役員や社員に適任の後継者がいるが、自社株の金額が高く、彼らだけではとても自社株を購入しきれないという場合に、投資ファンドや銀行などに後ろ盾になってもらう。オーナー一族は、役員・社員と投資ファンドに自社株を譲り渡す。

具体的には、株式を引き受けるＳＰＣ（特別目的会社）を設立する。このＳＰＣに出資するのが、投資ファンドや役員・社員である。さらにＳＰＣは銀行から買取資金を融資してもらう。オーナー一族は設立されたＳＰＣに自社株を売却することになる。その後、ＳＰＣが自社と合併してファンドと経営陣が新株主となる。

これにより、オーナー一族は株式売却によるキャッシュを獲得する。

投資ファンドは投資した資金を回収することが大きな目的なので、株式上場やＭ＆Ａによる売却を目指して新会社の経営の質を高め、企業価値を上げるための支援を惜しまない。それが業績向上につながる可能性がある。また、ファンドの目的が達成されれば、新役員や一部の社員にはキャピタルゲインを得るチャンスが生まれる。

②役員・社員主導のＭＢＯ

①のように投資ファンドを活用したＭＢＯは、彼らの採算性を考慮するため、ある一定の企業規模が求められる。利益水準でいえば、数億円以上が求められる。

一般的な中小企業では、そこまで利益を計上するのは難しい。つまり、規模が小さい会社はなかなか投資ファンドの対象にはなりにくいのだ。

そこで、小さな中小企業でも活用できる方法として、銀行から融資を受けて資金を調達する、役員・社員主導のＭＢＯが考えられる。形式的には、先に述べた外部スポンサー主導のＭＢＯで、外部スポンサーがいないケースと考えればわかりやすい。

このケースでは、役員や社員が設立したＳＰＣに対して銀行から資金を貸し付けてもらうか、その社債を引き受けてもらうことになるが、それを5年から10年で返済できないようであれば銀行は協力してくれない。つまり、継続会社にはそれだけの安定的なキャッシュフローが必要となる。

会社が借入金や社債を完済すれば、承継した役員や社員はその会社を自分たちのものにできる。この方法によってもオーナー一族は株式売却によるキャッシュを獲得し、役員や社員は雇用が確保される。

ＭＢＯのメリットとデメリット

ＭＢＯを活用するメリット、デメリットとしては、それぞれ次のことが挙げられる。

〈メリット〉

・現行の役員・社員が経営を引き継ぐことになるので事業の継続性が担保され、顧客、取引先の理解・協力を得やすい。

・現経営陣が引き続き経営をリードするので社員は安心して仕事に取り組め、モチベーションアップも期待できる。

・投資ファンドがもつ経営関連のノウハウを活用できる。

・将来、株式公開や他社への転売を行えば後継者にも相応のキャッシュが入ってくる。

〈デメリット〉

・投資ファンドを後ろ盾にした場合、会社の経営権という面では投資ファンドとの共同経営（株式の大半は投資ファンドが保有する）になるため、後継者の権限は基本的に事業運営に関する日常的なものに限定される。

・銀行借入を行った場合は、会社が多額の負債を抱えるため、ＭＢＯ後に利益を十分に獲得できなければ経営状態が悪化する。

ＭＢＯによる事業承継は現在の株主であるオーナー一族と、新たに経営権をもつ役員・社員との間で、自社株の譲渡が円満に行われてはじめて成立する。現社長の管理範囲内に自社株がまとめられていれば問題はないが、株式が分散していたり、事業に関心のない株主がいたりすると、売買取引がスムーズに進まないこともある。既存株主との交渉の方法や金額などを含めて、事前の慎重な根回しが欠かせない。

周到な準備なしにＭＢＯを仕掛けると、できるだけ安く株式を買いたい新経営陣と、できるだけ高く売りたい既存株主との間に対立が生まれる。利益相反関係が発生することはＭＢＯのリスクであり、デメリットのひとつともいえる。

対立が激化すると計画以上の株式取得資金が必要になったり、一部の既存株主が残存するといった問題が発生したりして、ＭＢＯが不成立となる可能性も出てくる。

ＭＢＯ実施後の資金計画や、株式取得に際しての交渉、株価の決定など、あらゆる場面で専門的な知識が必要となってくるので、専門家のアドバイスやサポートを受けることが重要になる。

3 ケースに学ぶMBO成功の要諦

外部スポンサー主導のMBOで事業承継に成功したケース

金属部品製造業のH社は特殊技術を保有しており、業績は好調だった。だが、H社のオーナーは高齢のため引退を希望しており、後継者として社長を含めた経営幹部3名（全員オーナーとの血縁関係はない）を考えていた。

しかし、経営幹部3名には、評価が多額にのぼる自社株を買い取るだけの資金がなかった。そこで、左ページの図のようなスキームを考えた。

自ら一部を出資すると同時に、投資ファンドから大部分の出資を受けて受け皿会社を設立し（❶）、必要に応じて銀行から株式購入資金の融資を受け（❷）、その受け皿会社がオーナーから株式を取得することにした（❸）。結果、H社の株主はオーナーか

外部スポンサー主導のMBO

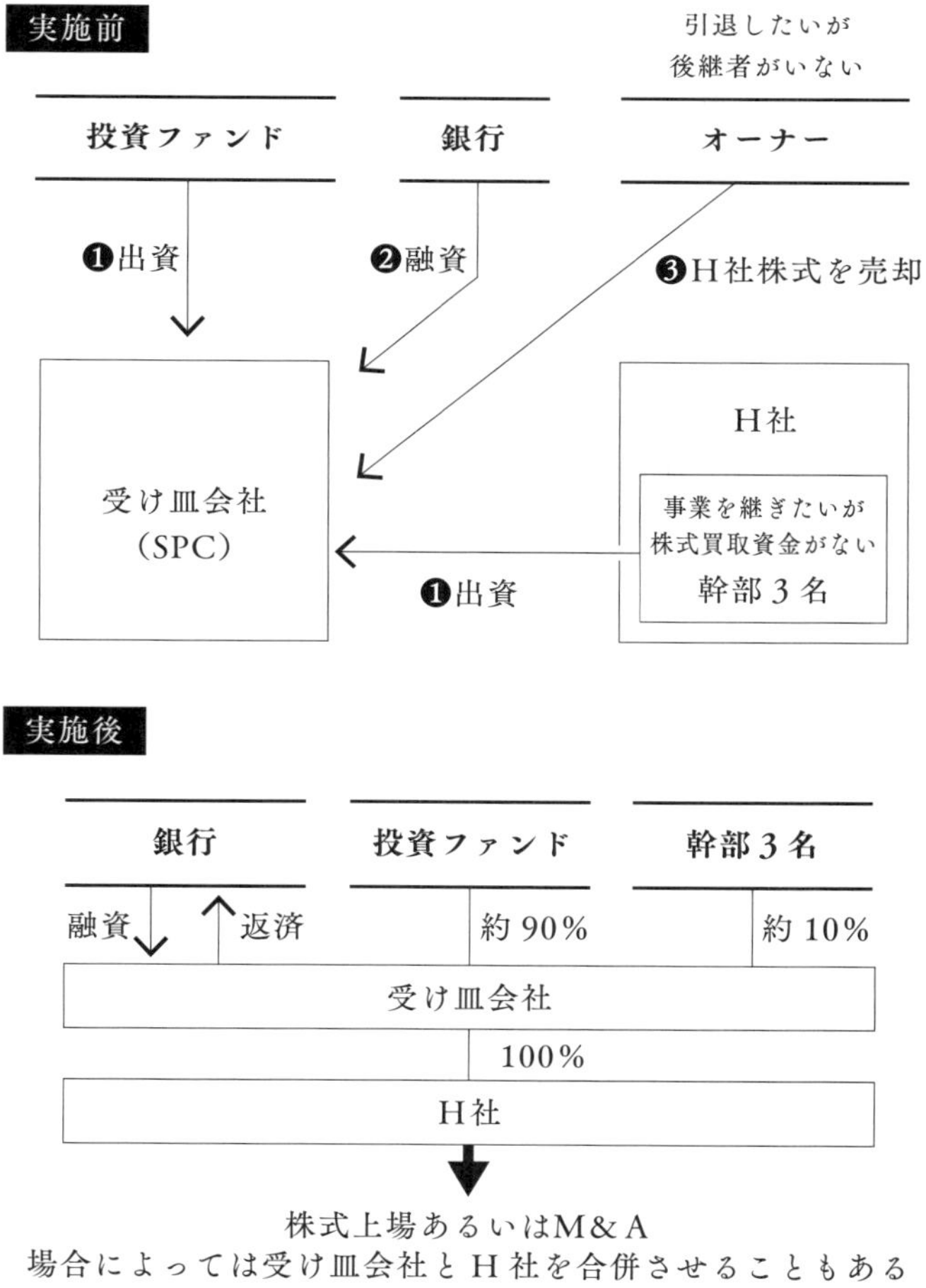

ら受け皿会社に移る。これにより、オーナーには多額の株式売却代金が入ると同時に、希望どおり、経営幹部3名に事業を承継することができた。

MBOを実施後、幹部3名は引き続きH社の経営に従事しており、社員の雇用も確保されている。また、投資ファンドから役員の派遣を受け、ガバナンス(監視)の強化も進み、株式上場に向け、企業価値向上に全社を挙げて取り組んでいる。

役員・社員主導のMBOで事業承継に成功したケース

飲食業のI社は、経営幹部のがんばりもあって年間2000万円のキャッシュフローを安定的に生み出すまでになった。そうしたなか、オーナー会長が引退を決意したが、子どもは音楽家や画家になっていたため、後継者として血縁関係のない3人の経営幹部を指名した。しかし、彼らには株を買い取る資金がなかった。

そこで、左ページの図のように、3人に資本金600万円で受け皿会社を設立させ(❶)、メイン銀行から1億円を融資してもらい(❷)、その1億円で受け皿会社がオー

役員・社員主導のMBO

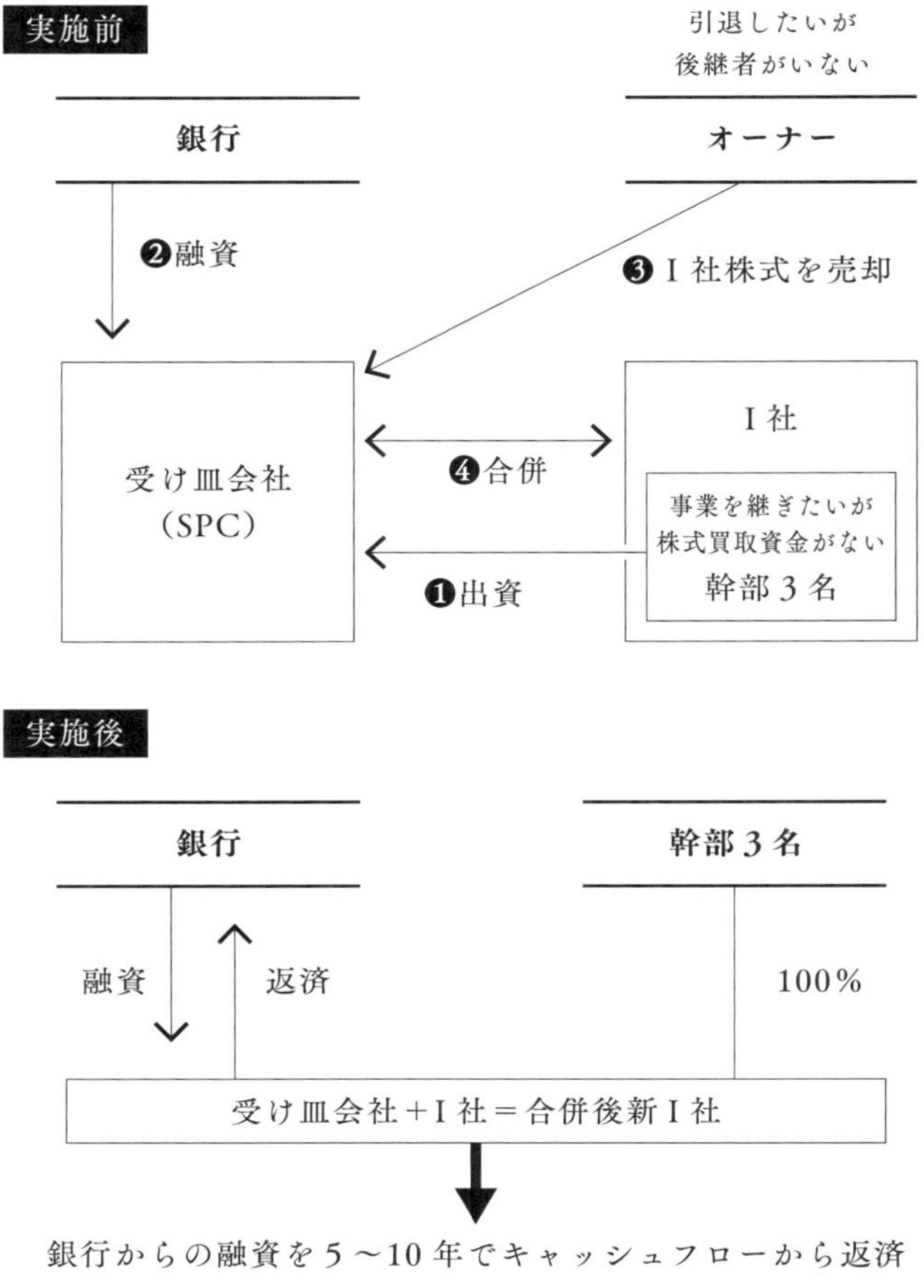
実施前
引退したいが
後継者がいない
銀行
オーナー
❷融資
❸I社株式を売却
受け皿会社
（SPC）
❹合併
I社
事業を継ぎたいが
株式買取資金がない
幹部3名
❶出資
実施後
銀行
幹部3名
融資
返済
100%
受け皿会社＋I社＝合併後新I社
銀行からの融資を5～10年でキャッシュフローから返済

ナー保有の全株式を取得した（❸）。これにより、オーナーには1億円の株式売却代金が入ると同時に、希望どおり、経営幹部3名に事業を承継することができた。

その後、受け皿会社とI社を合併させて（❹）ＭＢＯが完成した。合併後もI社ブランドは継承された。

3人の経営幹部は共同オーナーとして経営に従事しており、社員の雇用も確保されている。3人のさらなるがんばりで、継続的に年間2000万円にのぼるキャッシュフローが生まれるようになったことから、1億円の銀行借入金も5〜10年で完済できる見込みである。

4 M&Aによる事業承継

M&Aの2大メリット

M&Aは親族や社内外の後継候補者に事業を引き継がせることが難しいときに、まったくの第三者に会社を売却して経営を委ねる方法だ。

社長としてはこれまで育ててきた会社と事業を手放すことになるわけで、当然大きな決断を要するだろうが、社員や取引先のことを考えて事業承継を成功させるための有効な手段として、近年は中堅・中小企業でもかなり積極的に取り組むようになっている。

M&Aには次の2つのメリットがある。

①事業の存続が可能になる

社長は会社を手放すことになるものの、その一方で、長年苦労して築き上げた事業を残すことができる。事業を残すということは、会社にいる多くの社員の雇用を維持できること、その事業に関係する多くの取引先の仕事を確保できることを意味する。

廃業すれば全社員が職を失うことになるし、取引先にも大きな迷惑をかけるかもしれない。M&Aの手法をとることで事業の存続が可能になり、経営者として社員や取引先に対する責任を全うできることは大きなメリットだろう。

②キャッシュアウトで老後資金を確保できる

もうひとつの大きなメリットは、会社を売却することで社長がキャッシュを手に入れられることだ。ほとんどの社長は、これまで自分の蓄財は二の次にして、利益の大半を事業経営に注ぎ込んできたはずだ。

だが、ここにきて事業を引き継ぐべき後継者が見当たらず、事業の継続に大きな不安を抱いているかもしれない。それがM&Aを活用することで、心血を注いで築き上げた事業を継続してもらい、自分はこれまでの苦労に見合うキャッシュを手に入れられるのだ。事業を手放す寂しさはあるかもしれないが、老後資金もこれで十分確保できる。

ただ、高く買ってくれるところならどこでもよいわけではない。これまで精魂を傾けてきた事業を託すのだから、引き続き継続発展させてくれる会社に後ろ盾になってもらいたいはずだ。そのうえで事業に対する適正な評価の証として、できるだけ高い価格で自社株を売却できればベストだろう。

M&A成功のポイント

M&Aを成功させるためには、売り手として取り組む前の段階でやっておきたいことと、実際に取り組む段階で注意すべきポイントがある。

①M&Aに取り組む前にすべきこと

・買い手はその事業を買収した後、さらに拡大・発展させたいと考えている。その期待が膨らむような魅力ある事業だと判断してもらえるように、少しでも業績を向上させたり、無駄な経費を削減したりして、事業の魅力度を上げる。

・資産のなかに事業に必要のないものが多くある場合には、処分するなどして貸借対照表のスリム化を図る。

・短期間で対応できることではないが、常日頃から自社のセールスポイントとなる「強み」をつくっておく。

・社長のワンマン体制でやってきた会社の場合は、M&A後の事業運営に支障が出ないよう、計画的に役員・経営幹部に業務の権限委譲を進めておく。

・事業上の必要性が乏しい資産の賃貸借や、社長しか利用しないゴルフ会員権の保有などについて、オーナーと会社の線引きをしっかり行って公私のけじめをつける。

・会社として当然あるべき社内マニュアルや社内規程で未整備のものがあれば、しっかり整備する。

・株主の数が多すぎたり、会社にとって好ましくない株主がいたりするときは、できるだけ整理しておく。株主関係が複雑であれば買い手は及び腰になるものだ。

②M&Aに取り組む際に注意すべきこと

・M&Aの準備段階では、限定した範囲内に情報提供をとどめるように注意する。いったん開示した情報は、M&Aが不成立になっても相手に残ったままである。

・売却の条件、売却金額の希望等を早い段階で専門家に伝える。そのほうが買い手も検討しやすくなる。
・買い手側からのデュー・デリジェンス（資産査定）を受けるときは、自社に都合の悪いことでも隠し立てをしてはいけない。後からそれが発覚すれば、せっかくの案件が頓挫する。
・交渉を上手に進めるためには、M&Aを多く手掛けて専門的な知識・経験をもっている専門家に任せることが最善の策になる。

5 ケースに学ぶM&A成功の要諦

社員ファーストの考えでM&Aの相手を決めたケース

関西地区を地盤に住宅建材の製造販売を行っているJ社は、同業の中堅メーカーに勤めていたO氏が35歳のときに独立して立ち上げた会社だ。

起業して30年、地元の工務店やハウスメーカーとの信頼関係を大切にして無我夢中で働いてきたかいあって、現在は売上高10億円、営業利益1億円の業績で、確実に利益を上げており、無借金経営を続けている。

中小企業ながら自社開発製品もあって事業面は順風満帆なのだが、最近になってO社長には頭を悩ます問題が生じてきた。事業承継である。3年前に軽度の脳梗塞を患ってから健康面には十分に気をつけてきたが、65歳になって体力の衰えを実感するようになり、そろそろ社長を引退しなくてはと考え始めたのだ。

Ｏ氏の子どもは娘が２人。どちらもすでに結婚して幸せな家庭を築いているし、結婚を決める段階で「将来も会社を継ぐ気はないからあてにしないでね」と言われていた。２人の安定した暮らしぶりを見ていると、事業承継の相談などとてもも持ち掛けられそうにない。

一方、三十余名いる社員はみな勤勉で人柄も良いのだが、社長を継がせるとなると帯に短し襷（たすき）に長しで、適任者が見つからない。もっと早くから承継のことを考えて後継者育成に努めるべきだった、と後悔するばかりだ。

考えあぐねて長い付き合いの顧問税理士に相談してみたところ、中小企業庁がウェブ上で公表している「経営者のための事業承継マニュアル」(https://www.chusho.meti.go.jp/zaimu/shoukei/2017/170410shoukei.pdf) を読むように促された。

それには中小企業・小規模事業者が事業承継をスムーズに行うための準備と計画、後継者育成、株主対策、資金調達、税金対策などの考え方と手順が簡潔にまとめられていたが、いまから始めて間に合うのかわからない。落胆しかけたＯ氏の目に留まったのが「親族外承継も事業承継のひとつの形です」との文言だった。

「そうか、M&Aを行って第三者に事業を委ねてもいいんだな」と気づいたO氏は早速、顧問税理士に「M&Aの交渉相手を見つけられないだろうか」ともちかけた。最近は中小企業でもM&Aを行うところが増えているようで、顧問税理士も何件か手掛けたことがあるという。しかも、J社は無借金の優良企業だから、引き受け先はすぐに見つかるだろうとのことだった。

数カ月後、顧問税理士が「良い相手が見つかりました」と紹介してきたのが次の2社。

・甲社:売上規模100億円の同業中堅企業
・乙社:事業承継案件のM&Aをよく実施している売上規模30億円の製造企業

譲渡金額の申し出は甲社が7億円で、乙社が5億円だった。

O氏は規模の大きな会社のほうが将来にわたっての安定性が高いだろうと考え、まずは甲社との話し合いに臨んだ。ところが、やってきたのは経営企画室長で、しかも上から目線で「ウチが買い取ってやるから安心しろ」と言わんばかりの態度。この会社に委ねた場合、社員たちの面倒を親身になって見てくれるのか、不安が募るばかりだった。

次に乙社と話し合いを行ったが、先方の社長は、Ｊ社がグループ入りした後、どのように事業や社員を成長させようと考えているかを熱く語ってくれた。さすがに事業承継がらみのＭ＆Ａを多く手掛けているだけあって、Ｍ＆Ａ後の事業や社員の統合にも自信をもっていることがわかった。最終的にO氏は乙社に自社を委ねることを決断し、自分の所有するＪ社の株式をすべて乙社に売却した。

じつは、かつてO氏が起業したのは、勤めていた会社が大手に吸収されたことがきっかけだった。新会社に移ったものの事業スタイルや社風の違いに馴染めず大きなストレスを抱えたため、このまま続けて心身を壊すよりも、失敗してもいいから自分のやりたいようにやろうと独立したのだ。

当時の辛い思いを社員たちには味わわせたくないと考えたことが、譲渡金額は低いものの事業や社員を大切に育ててくれそうな乙社とのＭ＆Ａを決断させたのだった。

第6章

幸せな廃業を選択する

1 倒産的廃業は絶対に避ける

事業の買い手がつかない場合もある

自社の事業に将来性を見出せず、存続可能ではないと判断した場合、あるいは、ふさわしい後継者がいれば存続可能なものの、ついに後継者に恵まれないまま自分が老齢を迎えてしまった場合、どうすればよいか――。

この場合、漫然と事業を継続するわけにはいかない。もし、あなたが突然の病気などで倒れたら、誰に経営の采配を振るわせればよいのか、会社としてどう対処すべきか、大いに悩むことになる。

ふさわしい後継者がいれば存続可能だということなら、なんとか後継者を見つけ出して、その人物に事業承継するのがいちばんよい。しかし、ベストな後継者がまったく見つからないまま無理をして事業を継続させるために安直な承継をすれば、倒産への坂道をまっしぐらに転げ落ちることは目に見えている。

そうなると債権者は大きな損害を被り、社員は路頭に迷い、オーナー一族はすべての財産を失って丸裸になる。この倒産的廃業だけは絶対に避けなければならない。

ふさわしい後継者が見つからないことは、いたしかたない。その場合は第5章で述べたように、あなたの会社をM＆Aにもち込むのがいちばんよいだろう。ところが、そうしたくても、誰も買い手がつかないこともある。すべての会社に買い手がつくほどの事業価値があるとは限らないからだ。ましてや、自社の事業に将来性を見出せず、存続可能性がないという状況であれば、さらに買い手はつきにくいだろう。


事実、誰も買い手がつかない状態の会社がある。そうであるならば、最悪の事態が襲いかかる前に会社を閉じるべきだろう。そうすれば、少なくとも社長としての経営責任を果たしたことになる。また、リタイアした後の豊かな人生設計に落ち着いて取り組むこともできる。

いかに目先の雑事に追われようとも、あなたは必ず長期の視点をもち、最悪のケースに陥る前に廃業する覚悟をしておくべきである。こうした考え方をもてないなら、幸せな安定した老後を築くことはあきらめたほうがいい。

そこで、廃業につきまとう暗いイメージを払拭し、廃業を、社長人生の最終ステージにおいて前向きに打つべき手としてとらえる。自らの手で自分の事業の幕引きを行うことにより、人生を幸せなものにすることができるはずだ。あなたは、「幸せな廃業」を究極の選択肢ととらえたほうがよい。

純資産がいくら残るか「清算バランスシート」を作成する

幸せな廃業について考えるとき、最初に取り組むべきは、「清算バランスシート」の作成だ。これは、いますぐ会社を清算することを前提に、すべての資産を現金化するとともに、すべての負債を返済することを想定した特別なバランスシートで、一般的なバランスシートとは異なる。

平たく言えば、いま会社をたたんだら純資産がいくら残るか、ということだ。社長たるもの、平時においても年に1回はこの清算バランスシートを作成し、自社の財政状態をチェックすべきだろう。

ここでは清算を前提とする以上、リース資産を含め、すべての資産を時価評価する。一方で、リース債務などバランスシートに表れていないものも含め、あらゆる負債を洗い出す。また、いまいる社員には全員退職してもらうことから、彼らの退職金も「会社都合」で計算する。さらに社員の再就職斡旋にかかる費用も見込むべきだ。それら退職金や再就職斡旋の費用見積り額は、すべて負債に含めることになる。

会社資産は言うに及ばず、個人資産をすべて売却しても、清算バランスシートの純資産がマイナスなら倒産的廃業の瀬戸際に立たされていることになる。丸裸になる覚悟を決めたほうがいいだろう。

とはいえ、この倒産的廃業だけは絶対に避けたい。そこで、残された何年かを必死にがんばったとして、毎年どれだけの利益を上げればこのマイナスを埋めることができるか、また、はたしてそれが可能かどうかの見極めが重要になる。

それとは逆に、清算バランスシートの純資産がプラスなら、いますぐ事業をやめればその分が残る。この場合は、いつが廃業の潮時かを慎重に判断しなければならない。あなたの健康状態や年齢、リタイア前にどうしてもやっておきたいことなどの諸条件を考慮したうえで、どこかで一斉に事業を閉じるのか、あるいは数年かけて段階的に事業を縮小していくのか、大まかな方向性を決めることになる。

不動産賃貸業への転換もひとつの方法

廃業は、すべてを現金化するのが原則である。しかし、リタイア後の生活面からしても、税金面からしても、必ずしもこれがベストとは限らない。

リタイア後、想像以上に長生きする可能性もある。もし、家族だけでもやれるような事業があるなら、やったほうがよいかもしれない。この場合、既存の会社の法人格を存続させ、たとえばアパート経営などの不動産賃貸業を始めるのも賢い選択だろう。

税金面から見れば、すべての資産を現金化して会社を清算すると、手に入った収益から一挙に税金を支払うことになる。しかし、不動産賃貸業などに転業するなら、一部の不動産を収益物件として残すため、結果的に納税額は抑えられることになり、また賃貸物件から毎年上がってくる収益によって、長生きしたときの家計のリスクヘッジにもなる。

つまり不動産賃貸業なら、

・管理全般を外部に委託可能であり手間が不要
・許認可、免許不要
・家族的経営可能
・比較的安定した収入が見込める
・ほかの事業収入が見込めなくなった場合のリスクヘッジとなる

といった、第二の人生を迎えるにあたっての安心材料がある。

したがって、すぐに清算すべきか、不動産賃貸業へ転ずるべきかを判断するには、それぞれのケースにおいて納税を含めた収支シミュレーションを必ずしておくべきである。その際は、税金のプロにも相談したほうが無難だろう。

廃業という選択肢は、人生の総仕上げとしてベストではないかもしれない。しかし、これを愚直にやりきったなら、自らの社長人生を、「満足できる、まずまずのものであった」と自負してもよい。

最期に、「最高ではなかったかもしれないが、それなりに満足できる人生だった」と笑顔で幕を閉じることができれば、十分に幸せな人生だったといえる。

2　ケースに学ぶ廃業で幸せをつかむ要諦

63歳で「会社の存続は無理だ」と判断した社長のケース

大阪での丁稚奉公を振り出しに、40年前に婦人服製造販売会社を興したK氏は、業界では行動力のあるやり手として知られていた。創業後すぐに頭角を現すと破竹の勢いで業容を拡大し、業界でも屈指の高収益会社に育て上げることに成功した。

K社長の郷里からは彼を慕って何人もの社員が入社した。ほかにも地縁や血縁を頼って多くの社員が入社した。みんなK社長の言うことを素直に聞く、気持ちのよい社員ばかり。最盛期には30名強の社員を擁し、年商20億円、経常利益2億円の業績を上げていた。

K社長が58歳になった年に、初めて全社員を連れてハワイ旅行をすることになった。

日頃の社員のがんばりに報いようと、親分肌のK社長が企画したのだ。

みんな大喜びでハワイに旅立ったが、ここでとんでもないことが起きた。K社長が脳梗塞で倒れたのだ。社員たちは当初の旅程をこなして日本に帰ったが、K社長はその後4カ月間、ハワイでの入院治療を余儀なくされてしまった。

4カ月後、K社長はハワイから帰国した。社長がいない間、社員たちは平静を保ちながら仕事を続けていたが、非常時の事業継続プランもなく何の対策も講じていなかった。生き馬の目を抜く業界にあって、トップの長期不在は致命的なハンデになる。復帰したK社長も、以前のようにがむしゃらに突っ走ることはできなかった。行動力が衰えるにつれ、商売の直感力も鈍っていることを痛感した。

当然のように、業績は急速に落ちていった。そこでK社長は初めて気がついた。

「これまで素直な社員ばかりを集めて経営してきたが、自分の後を託せるような人物に投資して育てることをしてこなかった」と。

K社長は、四十数年間続けてきた事業の後継者をなんとかつくり上げようとがんばった。しかし、「後継者の育成という大事業は、それほど簡単なものではない」とつくづく思い知らされた。そして63歳のときに、

「会社は将来にわたって存続できる状態ではない」

という判断を下した。

Ｋ社長にとっては、誰にも心の内を明かせない苦悩の日々だった。ここまで本当に楽しく仕事をさせてもらい、満足のいく社長人生だったと感謝しつつ、「このまま事業を継続するのは、自分自身にとっても、社員や取引先にとっても、けっしてよいことではない」と思い至った。

「もう、これは廃業しかない」

悩みに悩んだ末に下した決断だった。

「これが幸せな廃業というやつさ」

それからというもの、Ｋ社長はコンサルティング会社の協力を得ながら、「清算バランスシート」と資産処分を含めた「廃業プラン」をつくった。そのなかで、社員たちの退職金は「会社都合」の１００パーセントを支払うことにした。最終的な姿が見えてきた段階で、全社員を集めて悲しい発表をした。そしてその場で、

「もし、今後もこの事業をやっていきたい人がいるなら、喜んで必要な部分を譲る」

「再就職を希望する人には自分が責任をもって斡旋する」

ことを約束した。

それからは粛々と廃業計画を進め、資産を処分していった。そのなかでいちばん気を遣ったのは社員の再就職斡旋だった。とくに中高年者の再就職については、大いに苦労した。

「いつかどこかでまた会おう。そのとき、みんな笑顔で集まってくれるかな？」

Ｋ社長が最後に社員にかけた言葉は、みんなの心にしみいった。じつに見事な廃業であった。

廃業を完了してから10年の歳月が経った。老後生活のための資金を手にして、75歳になったＫ氏はきわめて元気で、好きなゴルフや旅行を存分に楽しみながら充実した日々を過ごしている。そのにこやかな笑顔は、「これが幸せな廃業というやつさ」と語っているようだ。

【著者紹介】

アタックスグループ

◉――1946年開業の計理士・今井冨夫事務所と1981年に丸山弘昭、西浦道明が設立した株式会社アタックスが1990年に経営統合して誕生した総合コンサルティングファーム。
現在、東京、大阪、名古屋、静岡、仙台に拠点を構え、「強くて愛される会社を1社でも多く世に生み出す」というパーパスのもと、中堅・中小企業の成長を支援している。
◉――税務・会計、事業承継、組織再編、M＆A、事業再生、海外展開支援、人材育成など、多岐にわたる経営課題の解決策を提供。
長年にわたって培ってきた厚い信頼とノウハウ、そして幅広い専門性を活かし、クライアント企業の持続的成長と発展をサポートすべく日夜、経営者に寄り添い、未来を創造するパートナーとして伴走し続けている。
◉――本書は、1500件余の社長交代を支援してきた実績、経験をもとに、現経営者と後継社長、社員、ステークホルダーが幸せになる事業承継の考え方、施策、手順を簡潔にまとめたものである。

【執筆者紹介】

林　公一（はやし・こういち）

◉――アタックスグループ代表パートナー。公認会計士、税理士。事業評価、M＆A、株式公開支援、企業再生計画策定支援など、幅広い分野で活躍。クライアントにとって真のパートナーとして、経営のあらゆる局面に寄り添い、持続的な発展に貢献している。金融機関からの依頼による再生支援実績も豊富である。
◉――中堅・中小企業の社長の最良の相談相手として、事業承継支援にも注力。後継者や幹部社員の育成にも積極的に関わり、数多くの企業の成長をサポートしている。海外赴任時代に培った人脈、業務歴とタフな調整力を武器に、社長の人生に踏み込んでいく親身な伴走には定評がある。

村井　克行（むらい・かつゆき）

◉――アタックスグループ代表パートナー。税理士。約30年にわたって、アタックスグループの税務部門の中核を担ってきた。組織再編、相続対策をはじめ、最新の税法・会社法に基づいた永続企業のための総合的な支援業務に精通。
◉――長年の経験で培った深い専門知識と確かな実務能力で複雑な税務問題を解決へと導き、クライアントの事業の持続的な成長と発展に大きく貢献。誠実かつ緻密な仕事ぶりは、信頼できるパートナーとして、多くのクライアントやオーナー経営者から高い評価を得ている。

理想の社長交代

2025年4月21日　　第1刷発行

著　者――アタックスグループ
発行者――齊藤　龍男
発行所――株式会社かんき出版
東京都千代田区麹町4-1-4 西脇ビル　〒102-0083
電話　営業部：03(3262)8011㈹　編集部：03(3262)8012㈹
FAX　03(3234)4421　　振替　00100-2-62304
https://kanki-pub.co.jp/

印刷所――ベクトル印刷株式会社

　ISBN978-4-7612-1004-5 C0034